l' ABC*daire*

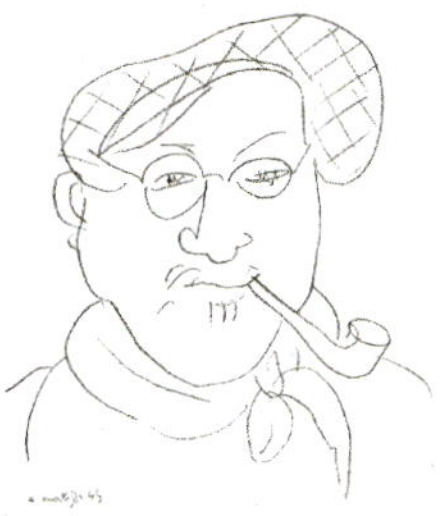

Laurence Millet

À Arnaud et Jacqueline, merci.

Flammarion

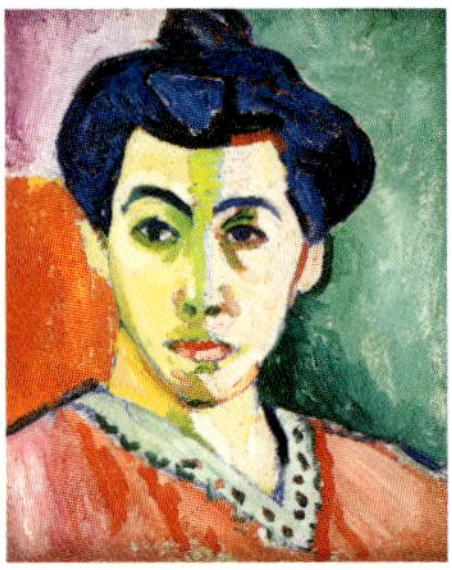

L'abécédaire

Il se compose des notices suivantes, classées par ordre alphabétique.
À chacune d'elles est associée une couleur qui indique sa nature :

L'entourage : la famille, les amis

Amélie
Bonnard (Pierre)
Camille
Camoin (Charles)
Collectionneurs
Derain (André)
Manguin (Henri)
Marguerite
Marquet (Albert)
Matisse (Anna et Émile)
Matisse (Jean et Pierre)
Modèle
Moreau (Gustave)
Parayre (Armand et Catherine)
Picasso (Pablo)
Pissarro (Camille)
Rouault (Georges)
Russell (John)

Le contexte socioculturel

Algérie
Apprentissage
Cézanne (Paul)
Cubisme
Débuts
Enfance
Expérimentations
Fauvisme
Gauguin (Paul)
Impressionnisme
Marchands
Maroc
Néo-impressionnisme
Orient
Paris
Primitivisme
Symbolisme

Thématique et œuvres

Atelier
Baigneuses
Blouse roumaine (La)
Café arabe (Le)
Chapelle de Vence
Conversation (La)
Danse (La)
Danse Merion (La)
Desserte (La)
Desserte, harmonie rouge (La)
Femme au chapeau (La)
Fenêtres
Figure décorative sur fond ornemental
Gouaches découpées
Joie de vivre (La)
Leçons
Liseuse sur fond noir
Luxe (Le)
Luxe, calme et volupté
Madame Matisse
Marocains (Les)
Musique (La)
Nature morte
Nu bleu, souvenir de Biskra
Nu rose
Odalisque à la culotte rouge
Peintre et son modèle (Le)
Poissons rouges
Porte de la casbah
Portrait
Raie verte (La)
Rêve (Le)
Sculpture
Tissu

Au fil de ces notices, et grâce aux renvois signalés par les astérisques, le lecteur voyage comme il lui plaît dans l'abécédaire.

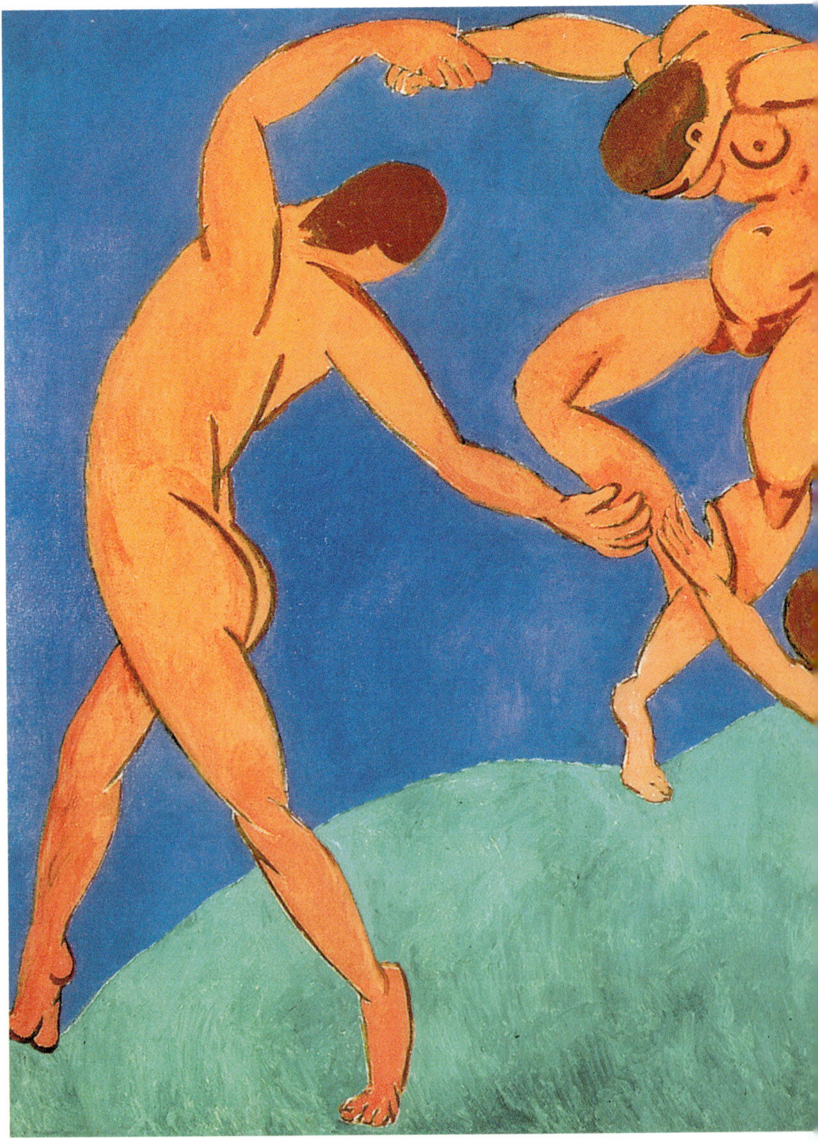

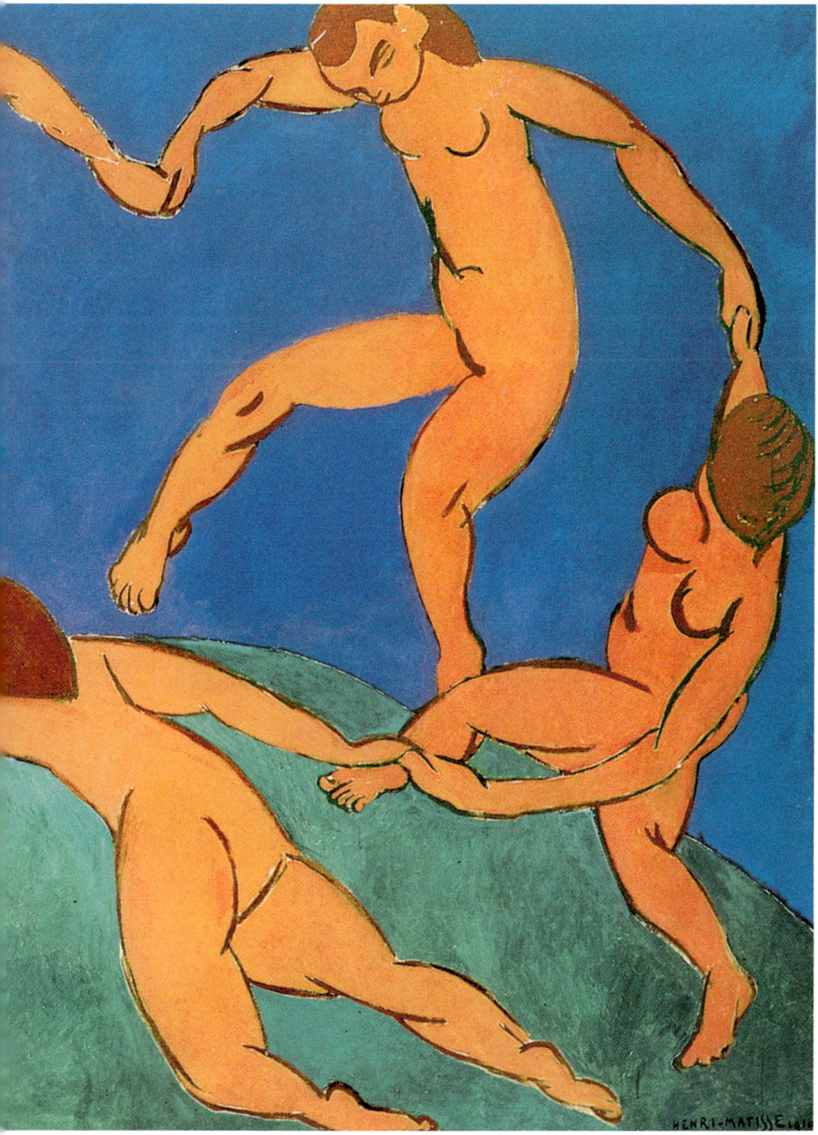

La Danse, huile sur toile, 1909-1910, 260 x 391 cm. Saint-Pétersbourg, musée de l'Ermitage.

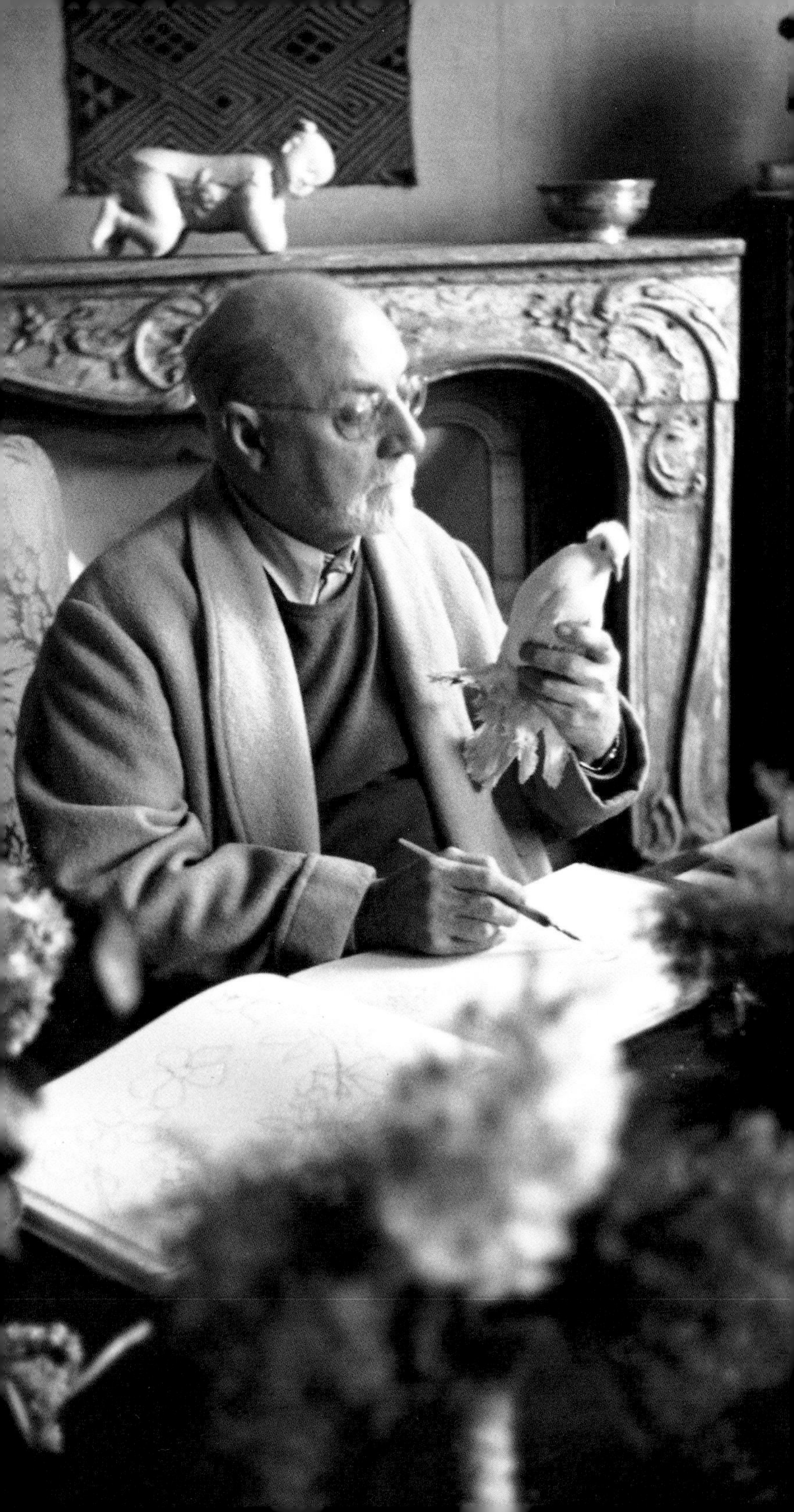

HENRI MATISSE RACONTÉ

I. LA CONQUÊTE DE LA MODERNITÉ 1869-1905

A. Héritage et tradition

Né le 31 décembre 1869 dans le Nord, au Cateau-Cambrésis, Henri-Émile-Benoît Matisse passe son enfance* à Bohain-en-Vermandois dans l'Aisne. À douze ans, il entre au lycée de Saint-Quentin où il obtient un premier prix en dessin. Si c'est à Paris* qu'il effectuera son véritable apprentissage* de la peinture, sa région natale offre le cadre d'une tradition flamande dont il se nourrit largement. Son père, Émile Matisse*, qui voyait en lui le parfait successeur à la tête de l'entreprise familiale, accepte cependant qu'il suive des études de droit à Paris. De retour à Saint-Quentin, le jeune Matisse entame une carrière de clerc de notaire qu'il néglige rapidement au profit des cours de dessin de l'école Quentin-de-la-Tour. En effet, vers l'âge de vingt et un ans, souffrant de crises de colites à répétition, il subit une opération du cæcum. Pour tromper l'ennui de sa convalescence, il réclame à sa mère une boîte de couleurs et se met à peindre. C'est ainsi qu'il a « tout d'un coup la révélation de la vie, de la vie ardente, ambitieuse, frénétique ». « Avant rien ne m'intéressait. Depuis lors, je n'ai plus eu que la peinture en tête », racontera-t-il avec émotion. Après avoir convaincu son père de la nécessité pour lui de poursuivre sa formation artistique à Paris, il s'inscrit dès l'automne 1891 à l'académie Julian, antichambre de l'École des beaux-arts, et s'installe quai Saint-Michel. Mais Matisse ne se satisfait pas de l'enseignement de William Bouguereau (1825-1905), et c'est surtout au contact des œuvres de Goya (1746-1828) et de Chardin (1699-1779) qu'il prend conscience de la charge émotionnelle de la peinture. La rencontre avec le peintre Gustave Moreau* (1826-1898), en 1892, cristallise ses découvertes. En 1895, il réussit enfin l'examen d'entrée aux Beaux-Arts, étape indispensable pour prétendre au Salon officiel et au prix de Rome. Mais le jeune peintre quitte l'atelier* sans plus tarder pour se lancer dans de nouvelles expérimentations*.

Henri Matisse dans sa villa, 1943-1944.

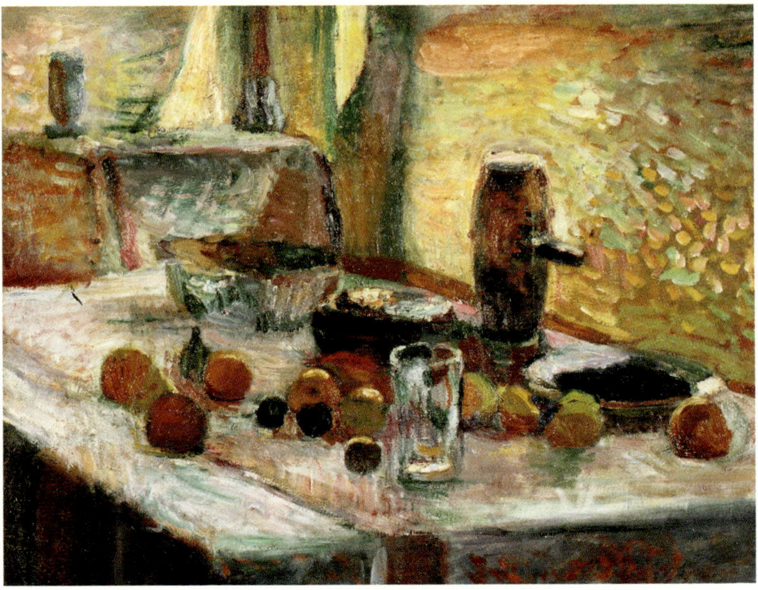

Première nature morte orange, 1899, huile sur toile, 56 x 73 cm. Paris, Musée national d'art moderne.

B. Sur les traces de l'impressionnisme

C'est sur les conseils de son voisin du quai Saint-Michel, Émile Wéry, qu'il découvre la même année, avec sa compagne Camille* et leur fille Marguerite*, les charmes de la côte bretonne. Surpris par l'aspect sauvage de ses paysages comme par celui de ses habitants, l'artiste l'est tout autant par l'archaïsme de leurs coutumes. Débarqué dans un premier temps à Belle-Île mais vite dérouté par le travail impressionniste de Wéry, Matisse ne tarde pas à regagner le continent et s'installe dans le Finistère, à Pont-Croix. Son engouement pour la Bretagne le pousse à repartir pour Belle-Île l'année suivante. C'est là qu'il rencontre le peintre australien John Russell* (1858-1930) et qu'il se familiarise avec l'impressionnisme* rejeté l'année précédente. C'est l'été suivant, en 1897, peu avant sa rupture avec Camille, qu'il porte à maturation les leçons de Monet. Sa rencontre avec Pissarro* (1830-1903) lui donne confiance en lui, tandis que l'explosion de sa palette l'éloigne de plus en plus des préceptes de Gustave Moreau. Son voyage de noces à Londres avec Amélie*, sa nouvelle compagne, lui confirme qu'il existe « une grande parenté de construction par la couleur dans les aquarelles de Turner et les tableaux de Claude Monet ». Puis en février 1898, Matisse décide de partir sur les traces de Van Gogh (1853-1890) à la découverte de la lumière du Midi. Destination suggérée par Amélie, encore tout émous-

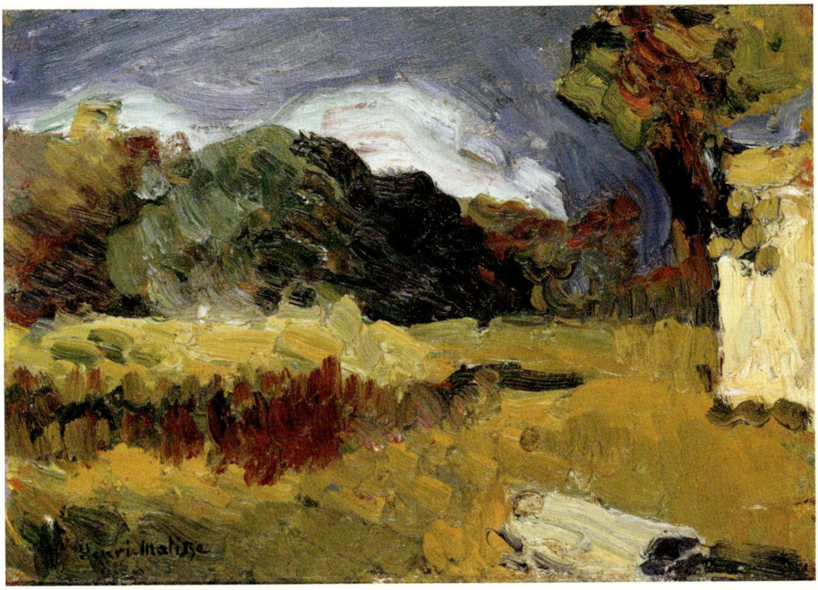

Paysage de Corse, huile sur carton, 16,5 x 22,5 cm. Troyes, Musée national d'art moderne.

tillée par sa lecture d'*Une vie* de Maupassant, la Corse possède les mêmes pouvoirs attractifs que la Côte d'Azur, tout en restant abordable pour un jeune peintre. « Digne d'un épileptique impressionniste et fou », selon son ami Henri Evenepoël (1872-1899), son art s'enflamme alors de l'incandescence de la lumière méditerranéenne, initiatrice de sa passion de la couleur. « Bientôt me vint, comme une révélation, l'amour des matières elles-mêmes », dit-il. Mais sa nouvelle manière est loin de faire l'unanimité. Pourtant, Matisse expose au premier Salon des indépendants en avril 1901 puis, dès l'année suivante, chez Berthe Weill. Il traverse ensuite une période difficile pendant laquelle il envisage même d'abandonner la peinture. Son père n'est plus en mesure de l'aider financièrement et leurs relations demeurent toujours très conflictuelles. Enfin, la famille tout entière est éclaboussée par le scandale qui touche les Parayre*. Au désespoir, Matisse en vient même à se réfugier à Bohain puis, à l'automne 1903, il revient à Paris avec les siens, chacun retrouvant ses activités.

C. L'adhésion au néo-impressionnisme

Incité par Paul Signac* (1863-1935) à venir peindre à ses côtés, Matisse, accompagné de son épouse et du jeune Pierre*, débarque à Saint-Tropez en juillet 1904 et retrouve enfin

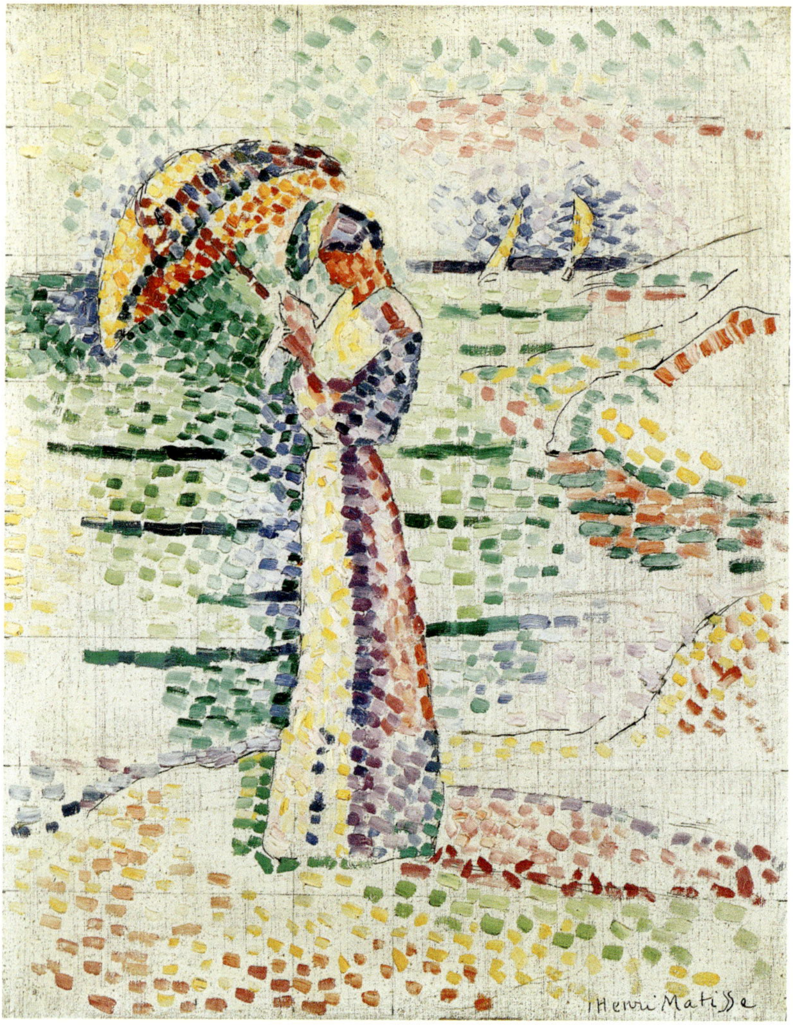

Jeune Femme à l'ombrelle, Collioure, 1905, huile sur toile, 46 x 37,5 cm. Nice, musée Matisse.

cette lumière qui l'éblouit tant. Malgré sa rigidité à l'égard de la doctrine néo-impressionniste, l'esprit moderne du théoricien anarchiste l'encourage à renouer avec la couleur pure et libère ses pulsions créatrices. Soucieux comme Signac et ses amis de donner à l'énergie de la nature une interprétation symboliste, Matisse peint sur le motif des toiles de plus en plus éclatantes et décoratives. Mais sa prudence à l'égard du divisionnisme entraîne parfois le courroux de Signac, ardent défenseur d'une touche mosaïque, vigoureuse et majestueuse. L'arrivée d'Edmond Cross (1856-1910), autre artisan du néo-impressionnisme*, conforte Matisse dans ses hésitations entre décoration et expression. Les deux hommes ainsi que leurs épouses deviennent rapidement amis. Convaincus tous deux que leur désir d'aller vers une autre peinture doit passer par une autre façon de « penser » la peinture, ils s'interrogent : comment « organiser les sensations [...] comment procéder au point de vue pratique pour rendre notre émotion ? Faire un choix des fragments, des détails de la beauté qui s'offre à nous. Agencer ces fragments avec ordre en ayant conscience de la résultante. À ce moment, nous faisons œuvre d'artiste ». À la fin de l'été, Matisse s'est définitivement libéré de l'impressionnisme et, sans avoir résolu ses interrogations, choisit la voie du divisionnisme. Point d'orgue de son adhésion, *Luxe, calme et volupté** remporte un certain succès au Salon des indépendants. En se portant acquéreur de la toile, Signac en assume fièrement la paternité et atteste de la reconnaissance de Matisse par ses aînés.

II. LE TRIOMPHE DE LA COULEUR 1905-1917

A. L'expérience fauve

Comme la plupart des peintres de sa génération, Matisse est irrésistiblement attiré par le cadre idyllique du Midi. Mais après la Corse et Saint-Tropez, c'est à Collioure, découvert par Amélie, qu'il décide de passer l'été 1905. Situé près de la frontière espagnole, non loin de Perpignan, Collioure possède le charme discret d'un petit port de pêche et surtout l'aspect sauvage des territoires inconnus. Avec sa femme et ses deux garçons, Matisse s'installe dans l'unique hôtel du village et vit au rythme tranquille de ses habitants. De sa chambre, il contemple l'arrivée des bateaux, les préparatifs des pêcheurs et l'empressement des femmes. Il retranscrit sur ses toiles chaque mouvement, chaque détail avec une exactitude étonnante. D'abord fidèle au divisionnisme de Signac, il découvre, avec l'arrivée de son ami André Derain* (1880-1954), « une nouvelle conception de la lumière qui consiste en ceci : la négation de l'ombre ». « Ici les lumières sont fortes, les ombres très claires. L'ombre est tout un monde de clarté et de luminosité qui s'oppose à la lumière du soleil : ce qu'on appelle les reflets », raconte Derain. Puisant dans la sensibilité de l'arabesque de Cézanne*, Matisse découvre qu'il peut « exalter toutes les couleurs ensemble, sans en sacrifier aucune » et augmenter ainsi leur puissance d'expression. Balbutiée pour poser les fondements de ce qu'on appellera bientôt le fauvisme*, cette notion de synthèse expressive sera au cœur de ce qui

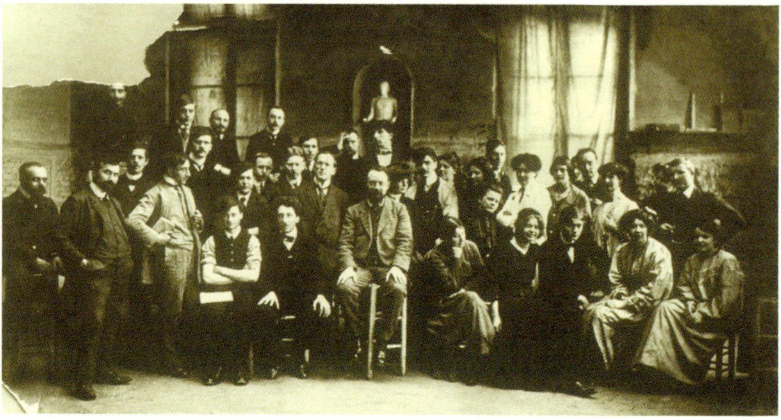

Matisse posant dans son atelier, 1909.

deviendra le style propre de Matisse. Dès lors, le sentiment de la couleur envahit la toile tout entière : le peintre semble avoir ouvert sa fenêtre* et s'être laissé pénétrer par « l'atmosphère », nous entraînant dans sa rêverie colorée. Plus que jamais Matisse, le fauve, fait « chanter les couleurs ».

B. Entrer dans la danse

À la fin de l'année, il loue l'ancien couvent du Sacré-Cœur, boulevard des Invalides, et peint *La Joie de vivre** en se libérant de toutes les leçons qu'il a reçues. Véritable anthologie de son art du nu, cette œuvre, exposée au printemps suivant, déploie des trésors de volupté significative d'une jouissance profonde. Matisse est entré dans le bonheur comme ses corps sont entrés dans la danse. Il les fait tournoyer dans une ronde propice à cette exaltation permanente de la couleur, que l'on retrouve tout au long de son travail et qui renferme en réalité la dimension spirituelle de son art. Vingt-sept années durant, Matisse s'attachera à déconstruire et reconstruire cette « farandole », illustrée par la série de *La Danse** et qui n'est autre que l'expression de son sentiment de l'espace. Décisif pour le peintre, *La Joie de vivre* ne l'est pas moins pour Picasso* (1881-1973), qui lui répond par l'œuvre fondatrice du cubisme* : *Les Demoiselles d'Avignon*. S'engage alors entre les deux artistes un dialogue qui prend vite des allures de combat mais qui nourrit avec puissance l'évolution de l'histoire de la peinture moderne. Cette sensualité avec laquelle Matisse peint les femmes s'inscrit désormais au cœur de sa création. Si jusqu'à présent « les couleurs étaient destinées à rendre le choc d'un spectacle sur nos sens »,

Matisse réalisant les ébauches de *La Danse*.

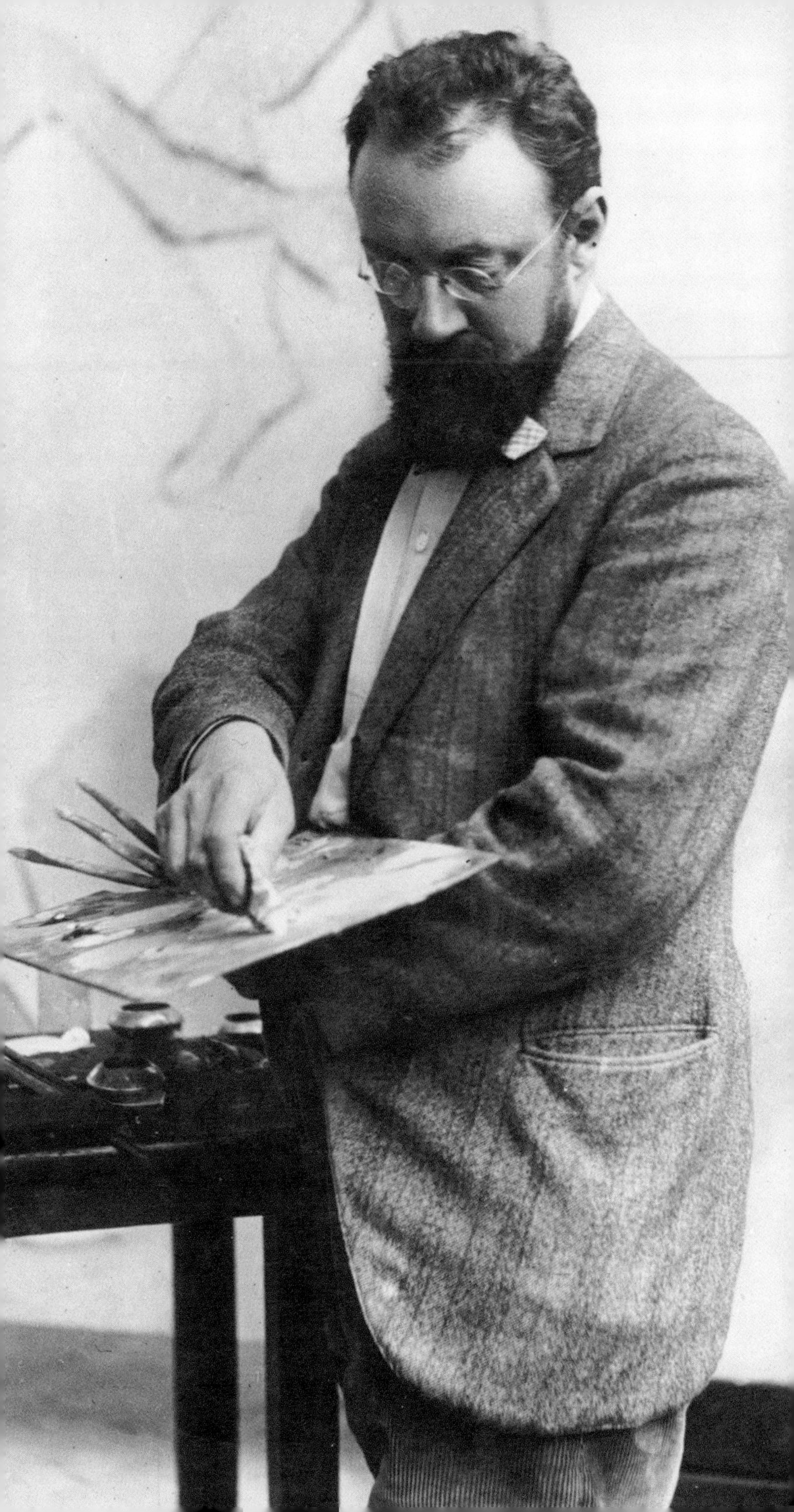

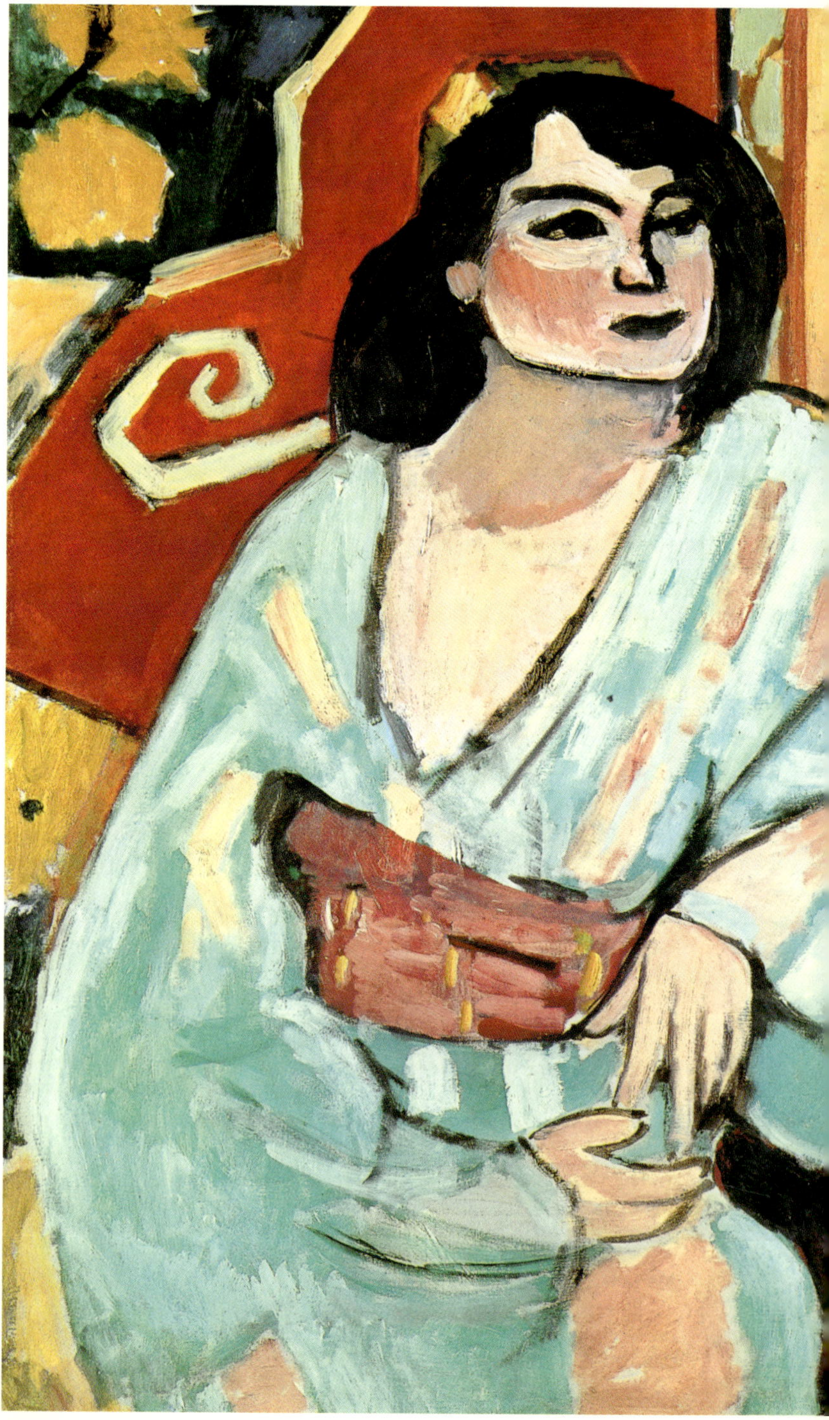

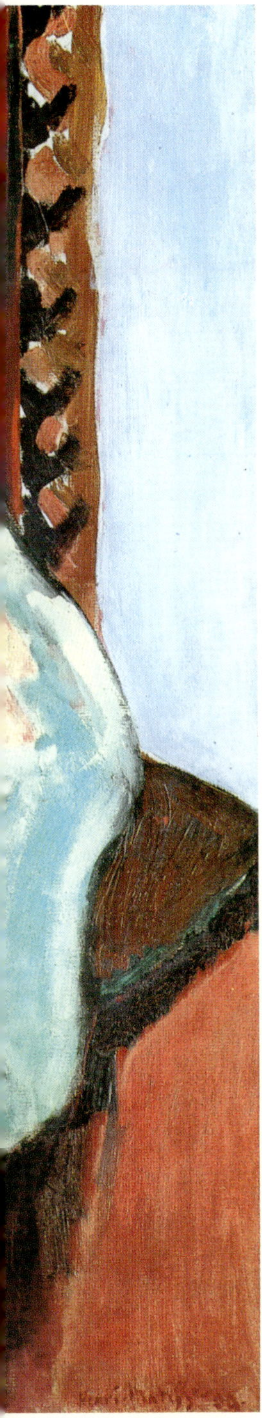

il s'agit maintenant de provoquer une émotion en restituant la nudité d'un corps. Avec *La Joie de vivre*, Henri Matisse confirme sa place en tête de l'avant-garde parisienne où le scandale de *La Femme au chapeau** l'a propulsé depuis l'automne 1905. En 1907, au bonheur succède *Le Luxe**, limpide dans la monumentalité qui se fait jour. En 1909, l'artiste quitte le quartier des Invalides et s'installe dans une maison à Issy-les-Moulineaux, qui devient un nouveau lieu expérimental nourri par la splendeur de son jardin.

C. Après la déconvenue de l'Algérie, la révélation de l'Orient

À son retour d'Algérie*, Matisse explore les champs de la sculpture* où il réinterprète en l'intensifiant le drame qui se joue dans les grands nus de l'histoire de la peinture française. C'est à cette même période qu'il renoue avec l'art de la céramique. Initié par les assiettes décorées de sa mère qui lui révèle le sens des couleurs, son goût pour la céramique s'est développé au contact des arts appliqués enseignés à Saint-Quentin. Triptyque au décor dionysiaque ou assiettes préfigurant les futurs thèmes de son répertoire, cette nouvelle extension de son travail illustre parfaitement sa conception de la peinture nourrie par sa connaissance de l'Orient* : « Expression et décoration ne sont qu'une seule et même chose. » Or si, déclare Matisse, « la révélation m'est toujours venue de l'Orient », c'est la grande exposition d'art islamique organisée en Allemagne, en 1910, qui cristallise ses aspirations : « À Munich, j'ai trouvé une nouvelle confirmation de mes recherches », ajoute-t-il. Un séjour dans l'Andalousie des Almohades lui permet de parfaire ses connaissances en matière d'art islamique, mais c'est au Maroc* qu'il se rend sur les conseils d'Albert Marquet* (1875-1947) pour découvrir

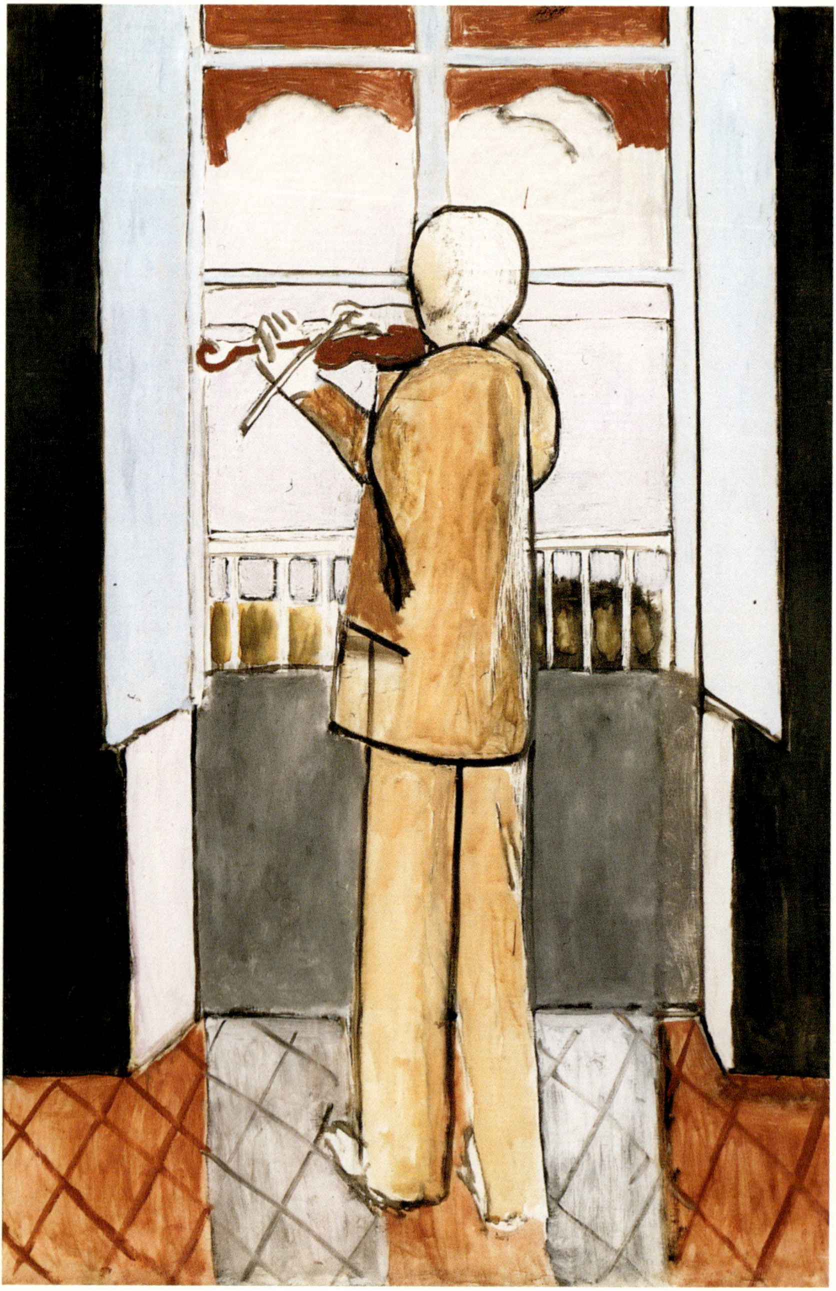

l'atelier idéal. D'autres voyages le conduiront en Italie sur les traces de Giotto ou à Moscou pour l'installation de *La Danse* et de *La Musique**, mais c'est au Maroc que sa peinture se libère du fauvisme et devient la synthèse parfaite de la forme et de la couleur. L'arrivée de la guerre fait ressurgir les angoisses mais resserre les liens des artistes entre eux. Réformé, Matisse trouve refuge pendant quelque temps à Collioure.

Page précédente : *L'Algérienne*, 1909, 81 x 65 cm, huile sur toile. Paris, musée des Arts décoratifs.

III. LE RÊVE 1917-1954

A. L'intimité retrouvée

Après un premier séjour effectué en 1916, Matisse retourne à Nice dès l'année suivante. Il en profite pour rendre visite dans sa maison de Cagnes-sur-Mer à Auguste Renoir (1841-1919) qui n'apprécie pas son travail mais qui admet qu'il est « sûrement un peintre ». Matisse déplace peu à peu son atelier d'Issy à Nice, où il séjourne à la villa des Alliés puis à l'hôtel de la Méditerranée. Là, il peint une série d'ateliers mettant en scène ses talents de violoniste qu'il exerce dans sa chambre à la fraîcheur de l'aube. En 1918, il se rend à Antibes auprès du peintre Pierre Bonnard* (1867-1947), avec lequel il partagera désormais son goût du décoratif et de l'intime. Imprégnées de la douceur maritime de la Riviera, les œuvres du début de la période niçoise illustrent avec une grande sensualité l'atmosphère intimiste et féminine qui règne autour de l'artiste. Abrités par les arbres du jardin d'Issy ou par leurs ombrelles dans la chaleur du Midi, les modèles* aux corsages étincelants côtoient paravents et miroirs dans de jolis intérieurs délicatement décorés. Évanescente à l'image de leurs parfums, la lumière assure l'harmonie des compositions où se mêlent contrastes colorés et exubérance des motifs. En 1920, il accepte de réaliser les décors et les costumes de la troisième création du *Chant du rossignol* par les Ballets russes de Serge Diaghilev (1872-1929). Composé par Igor Stravinski (1882-1971), ce conte lyrique emprunté à l'imaginaire chinois est chorégraphié par Léonide Massine (1896-1979) dont il devient l'ami. L'année suivante, il s'installe dans un appartement de la place Charles-Félix qu'il transforme en véritable petit théâtre oriental, décor idéal pour savourer ses délicieuses odalisques, objets de ses fantasmes. Le rêve de Matisse est devenu une réalité picturale.

Le Violoniste à la fenêtre, printemps 1918, huile sur toile, 150 x 98 cm. Paris, Musée national d'art moderne.

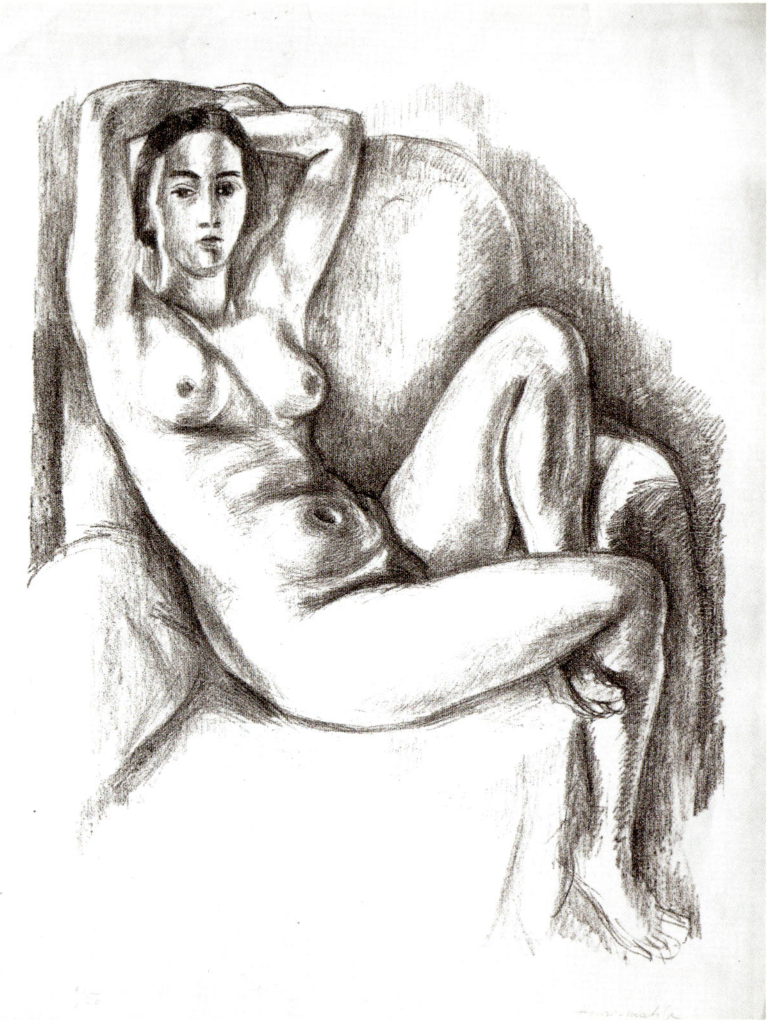

Grand nu assis au fauteuil (ou au coussin bleu), 1925, lithographie, 61,7 x 47,8 cm. Collection privée.

B. Vers une autre lumière

Ponctuée par de grandes expositions à New York et à Copenhague, un deuxième voyage en Italie, le mariage de Marguerite et le départ de Pierre, la période niçoise de l'artiste s'achève dans sa beauté exotique avec les années vingt. Matisse ne peindra plus de tableaux de chevalet pendant cinq ans. Il rêve désormais d'une « autre lumière ». Il poursuit cette quête qui l'a conduit dans le Midi puis en Orient et songe à se rendre « vers les Îles, pour regarder, sous les tropiques, la nuit et la lumière de l'aube, qui ont sans doute une autre densité ».

En février 1930, il part pour Tahiti dans l'espoir de percevoir « autre chose que l'espace réel » car, dit-il, « en travaillant depuis quarante ans dans la lumière et l'espace européens, je rêvais

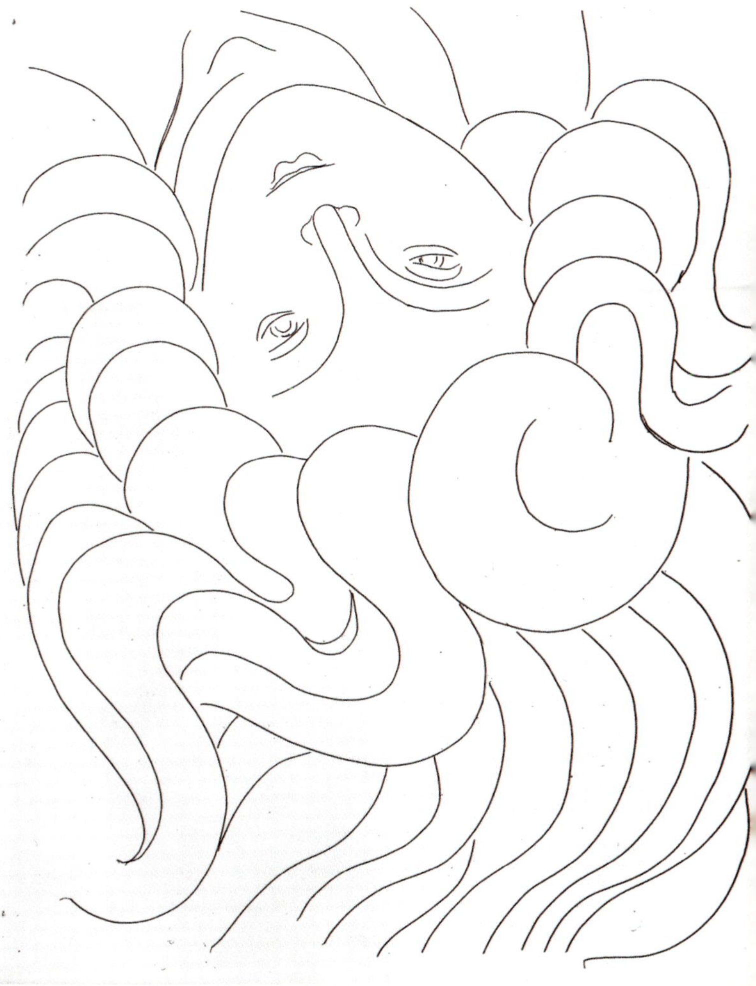

La Chevelure, illustration pour *Poésies* de Mallarmé, 1931, eau-forte, 33,5 x 25 cm. Collection privée.

toujours à d'autres proportions qui pouvaient se trouver peut-être dans l'autre hémisphère. J'ai eu toujours conscience d'un autre espace dans lequel évoluaient les objets de ma rêverie ». Enivré par les arômes des frangipaniers et des fleurs de tiaré, Matisse est vite accablé par la chaleur humide. Il n'arrive pas à travailler et fait seulement quelques photographies. Il ne trouve pas, dans cette Océanie pleine de promesses, cet « autre espace » qu'il était venu chercher, mais il découvre une nouvelle lumière, une lumière « tout en or, tandis que la nôtre est argent ». New York et Los Angeles, où il fait escale avant de s'embarquer pour Tahiti, l'ont fortement impressionné. Subjugué par la lumière cristalline new-yorkaise, il écrit à sa femme : « Si je n'avais pas l'habitude de suivre mes décisions jusqu'au bout,

Matisse utilisant la largeur de la pièce comme une surface de travail pour la décoration de la Chapelle du Rosaire à Vence.

je n'irais pas plus loin que New York tellement je trouve qu'ici c'est un nouveau monde : c'est grand et majestueux comme la mer […] C'est clair, c'est la grande clarté américaine. » Matisse retourne aux États-Unis à la fin de cette même année comme juré de l'exposition internationale organisée au Carnegie Institute de Pittsburgh en Pennsylvanie.

S'il a été primé en 1927, c'est Picasso qui est couronné cette année-là. Matisse en profite pour se rendre à Merion auprès du Dr Barnes qui possède déjà *La Joie de vivre* et qui lui commande sa première œuvre architecturale : *La Danse Merion**.

C. « Entrer dans la peinture »

En même temps que cette composition magistrale qui l'épuise, Matisse se consacre de plus en plus à l'art décoratif. Outre des dessins pour des tapisseries, des costumes ou des décors pour le ballet *Rouge et noir*, il réalise des eaux-fortes pour des *Poésies* de Mallarmé puis des gravures pour l'*Ulysse* de James Joyce. En novembre 1938, il quitte son appartement de la place Charles-Félix et s'installe dans l'ancien hôtel Regina sur la colline de Cimiez. C'est là qu'il passe les premières années de la Seconde Guerre mondiale dans l'angoisse et la tourmente, sans nouvelle ni d'Amélie ni de Marguerite. Déjà hospitalisé en septembre 1937, il est opéré en janvier 1941 d'un cancer du duodénum, dont il réchappe miraculeusement. Veillé par Monique Bourgeois, initiatrice du projet de la chapelle de Vence*, Matisse commence une « seconde vie » et peint notamment une très belle série de portraits* de la future dominicaine. Il livre également un album de dessins admirables préfacé par Aragon et intitulé *Thèmes et variations.* Immobilisé dans un fauteuil roulant pendant quelque temps, il réinvente la peinture et développe la technique des gouaches découpées*, employée pour *La Danse Merion.* Son « inspiration dessinée » s'achevant, Matisse veut désormais « entrer dans la peinture ». En 1943, devant la menace qui pèse sur Nice, l'artiste se réfugie à Vence. Il achète une villa qui lui rappelle la Polynésie et qu'il baptise « Le Rêve ». Grâce à la chapelle de Vence, synthèse parfaite de son art du dessin, de la couleur et de la lumière, Matisse donne à sa peinture la dimension monumentale qui lui convient.

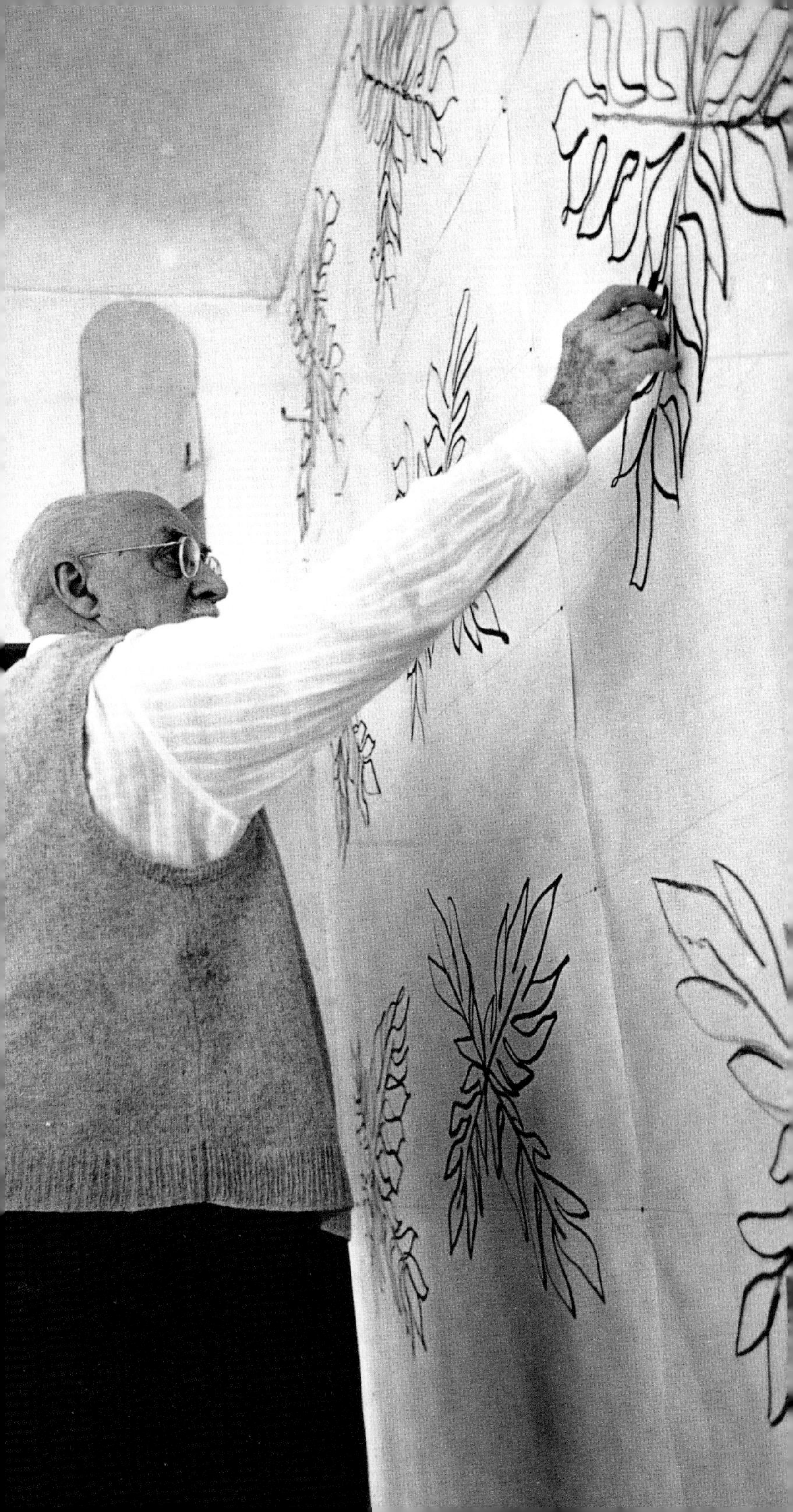

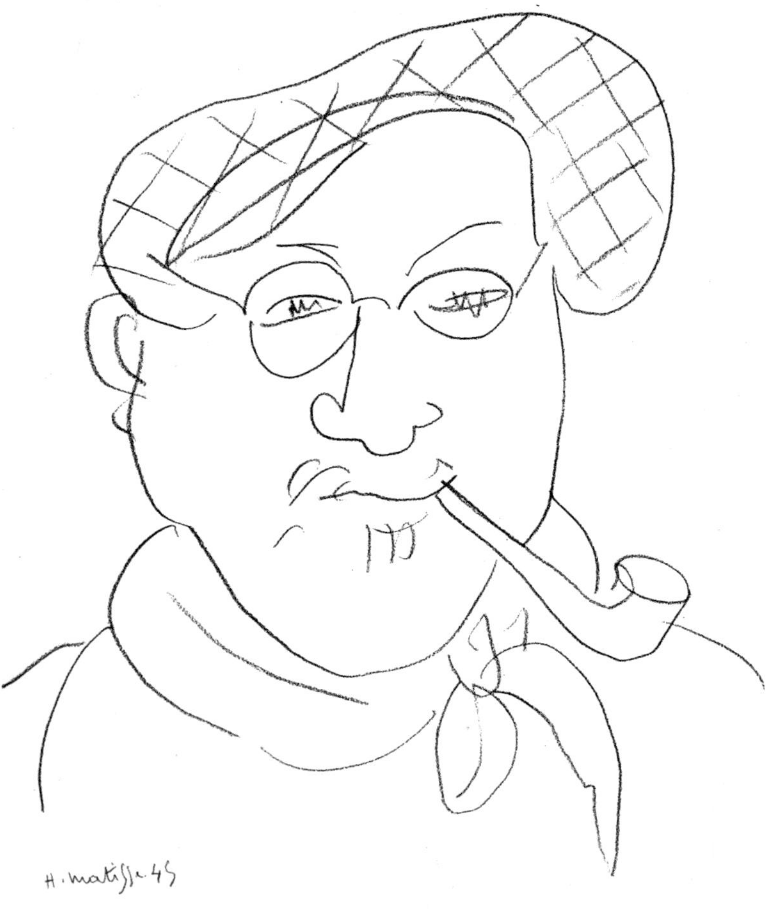
H. Matisse 45

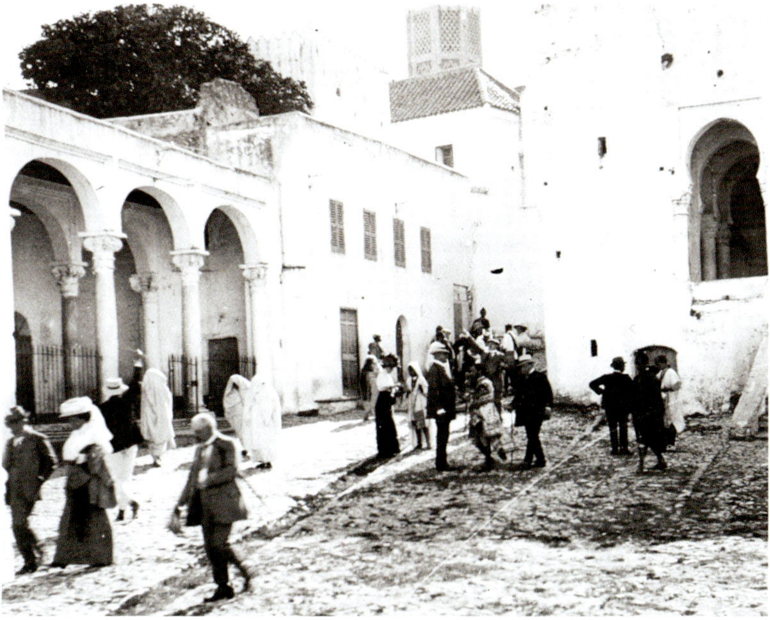

Touristes à Alger.

Algérie

C'est en avril 1906 que Matisse s'embarque pour la première fois à destination de l'Orient*, en prenant un bateau à Port-Vendres. Familiarisé avec l'art africain, de plus en plus présent dans les galeries parisiennes, le peintre pense que l'Algérie est le cadre idéal d'une immersion totale dans l'art tribal, susceptible de donner une nouvelle impulsion à son art. Malheureusement, Alger lui offre le spectacle d'une ville étouffante, « un Paris infect » qui ne lui inspire que dégoût comme il l'écrit, déçu, à son ami Manguin*. Son périple dans les montagnes de Batna, qui le conduit à Biskra, lui fait découvrir une lumière aveuglante et des couleurs étincelantes qui le séduisent davantage. Les promesses de l'Orient s'arrêtent là, « le côté inhumain de la nature » ne trouve aucune grâce aux yeux de Matisse, plus préoccupé à son retour par les problèmes de volume, qu'il résout en s'adonnant à la sculpture*. Dans son *Nu bleu, souvenir de Biskra**, si crucial dans l'évolution de l'histoire de la peinture, mais seule réminiscence de son séjour, l'artiste ne conserve que le souvenir d'un paysage exotique, toile de fond d'une odalisque bien éloignée de toute veine orientaliste. Cependant, à son retour, il décore ses toiles comme son atelier des poteries et des tapis qu'il a rapportés, ou des souvenirs qu'il en a gardés. Si certaines images, comme celles des poissons rouges*, réapparaissent plus tard dans son travail, les séjours au Maroc* seront beaucoup plus féconds.

Amélie

Matisse fait la connaissance d'Amélie (1872-1958), fille d'Armand et de Catherine Parayre*, au cours d'un mariage, le 16 octobre 1897. Leur rencontre a des allures de

Autoportrait, 1945, crayon, 41,8 x 32,3 cm. Collection privée.

coup de foudre et les deux tourtereaux se marient dès le mois de janvier suivant. Héritière du profond dévouement de sa mère, la jeune femme possède comme elle la fière allure des Toulousaines. Le souvenir de ses ancêtres corsaires lui a enseigné le goût du risque et l'incite à se lancer à corps perdu dans la lutte menée par Matisse pour faire reconnaître son amour de la peinture. Après un court séjour à Londres à la découverte de Turner (1775-1851), leur aventure commence véritablement en février 1898, lorsqu'ils se rendent pour la première fois en Corse. Stimulé par le rayonnement de la lumière méditerranéenne, Matisse enchaîne les portraits* de sa chère et tendre épouse dont il loue le courage et la loyauté. Ces portraits d'Amélie révèlent déjà son goût de la couleur et de la matière. Toujours prête à assouvir la passion de son mari, Amélie Matisse va jusqu'à mettre en gage ses précieux bijoux pour qu'il puisse s'offrir le tableau dont elle pressent le rôle catalyseur: *Les Trois Baigneuses* de Paul Cézanne*. Jean* naît de leur union en 1899, mais leurs difficultés financières poussent Amélie à ouvrir rue de Châteaudun un magasin de modiste. C'est à « La Grande Maison de modes », boulevard Saint-Denis, tenue par sa tante, qu'elle a déjà exercé ses talents de couturière et qu'elle a acquis sa renommée de modiste. La jeune épouse accueille la fille de Matisse, la petite Marguerite*, alors âgée de quatre ans, avec beaucoup de tendresse, avant de donner naissance à Pierre*. La fermeture de sa boutique, puis le scandale qui touche Armand et Catherine Parayre affaiblissent quelque peu son entrain mais, à partir de l'été 1903, sa ferveur renaît de plus belle. Si elle comble les insomnies du peintre par d'interminables lectures, elle lui sert souvent de modèle*. Figure animée mais discrète dans les paysages corses, la présence de Madame Matisse, confirmée dans les toiles tropéziennes, s'affirme au cœur de l'œuvre durant l'été 1905 à Collioure. En 1906, en l'emmenant en Italie, le peintre réalise son rêve le plus cher. Appréciée par tous les amis du peintre, elle l'est également par sa belle-famille, qui reconnaît en elle l'épouse idéale pour leur fils prodige. Le *Portrait de madame Matisse** qu'il peint en 1913 sera le dernier. L'installation de l'artiste à Nice creuse l'éloignement, même si Amélie lui rend régulièrement visite et si lui vient passer les étés à Paris. La présence des autres modèles est devenue prépondérante, effaçant peu à peu la

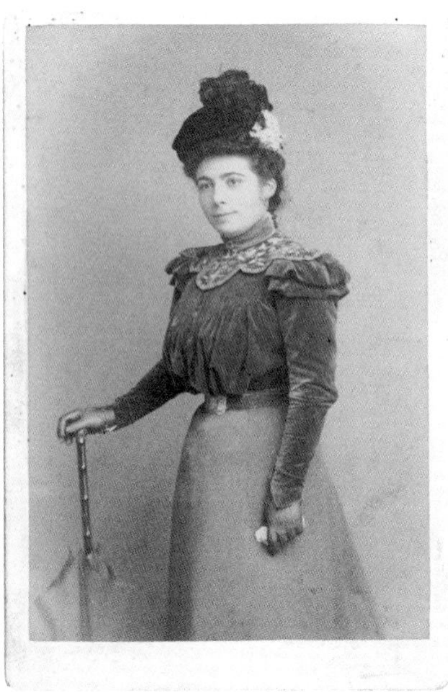

Madame Matisse, Ajaccio, vers 1898.

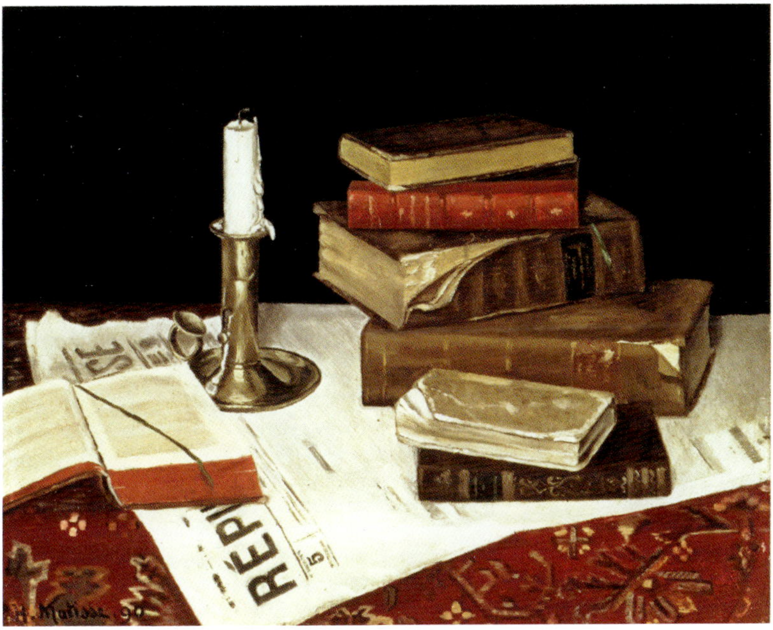

Nature morte aux livres, 1890, huile sur toile, 38 x 46 cm. Collection privée.

place d'Amélie, de plus en plus touchée par des douleurs rhumatismales. Elle l'accompagne encore lors de certains voyages, mais c'est sans elle qu'il ira à Tahiti. En 1937, elle le quitte définitivement. Comme Marguerite, elle s'engage dans la Résistance et sera emprisonnée six mois avant la Libération.

Apprentissage

Après la révélation de la peinture, Matisse achète le *Manuel général de la peinture à l'huile* de Frédéric Goupil, professeur à l'académie Julian de Paris*, et réalise une nature morte* qu'il intitule *Mon premier tableau*. Dès lors, en plus de son travail de clerc de notaire, il se rend chaque soir à l'école de dessin créée en 1782 à Saint-Quentin par le grand peintre de la région : Quentin de la Tour (1704-1788). Solidement ancrée dans la tradition académique, cette école appuie son enseignement sur la copie permanente et la recopie incessante des détails des dessins d'architecture et des moulages de l'âge classique. La peinture n'est pas à l'ordre du jour, et seuls les plus talentueux peuvent varier les plaisirs en recopiant les pastels du maître créateur des lieux. C'est donc en fréquentant également les cours d'Emmanuel Croizé, transfuge de l'académie régionale, qu'il s'initie à la peinture de plein air et qu'il peint ses premiers paysages au soleil couchant. Croizé, qui perçoit vite les talents de Matisse et qui l'encourage à poursuivre dans la voie artistique, est malheureusement contraint de suspendre ses activités parce qu'il transgresse les règles de l'art en incitant ses élèves à peindre en dehors du contexte de l'atelier et surtout en leur enseignant l'art de la couleur. Matisse décide alors de quitter Saint-Quentin et la rigidité de son académisme pour tenter sa chance à Paris. Mais la partie n'est pas gagnée, car il doit affronter l'hostilité de son père et son incompréhension grandissante. Non content de ruiner tous ses espoirs d'une carrière prometteuse, Matisse ridiculise sa famille en se rebellant

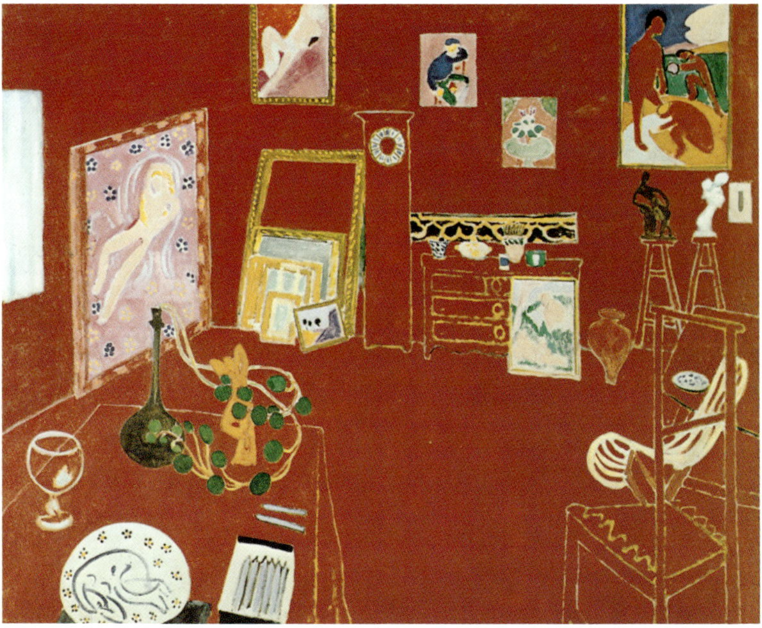

L'Atelier rouge, 1911, huile sur toile, 181 x 219,1 cm. New York, The Museum of Modern Art.

contre les institutions. Après d'interminables discussions et grâce à l'insistance d'une mère complice, Émile Matisse* consent à laisser son fils gagner la capitale et s'engage même à lui verser une pension pendant encore un an. À Paris, le jeune Matisse se présente au maître incontesté de la peinture officielle, William Bouguereau (1825-1905). Figure emblématique de l'idéal classique, le peintre occupe une place importante au sein des réseaux institutionnels de l'art, et détient un pouvoir décisionnel quant aux admissions au Salon. Il conseille donc à Matisse d'intégrer sa classe à l'académie Julian pour parfaire sa formation artistique avant de se présenter au concours des Beaux-Arts. Mais Matisse déchante rapidement car, s'il retient de ce travailleur invétéré les leçons de rigueur et d'obstination, il désavoue son amour de l'embellissement. Après Turner (1775-1851), d'autres fenêtres s'ouvrent devant Matisse: Goya (1746-1828), qu'il découvre à Lille, et Chardin (1699-1779), qu'il copie inlassablement au Louvre et qui marque toutes ses années de formation. Las de l'académie Julian, c'est auprès du maître du symbolisme*, Gustave Moreau*, qui l'a accepté sans examen d'entrée dans son atelier des Beaux-Arts, qu'il trouve le soutien nécessaire à la poursuite de ses recherches. C'est également aux Beaux-Arts qu'il rencontre Manguin* et Marquet*, futurs artisans de l'aventure fauve. En même temps, il suit les cours du soir des Arts décoratifs, dans l'espoir d'obtenir un diplôme d'enseignant. Matisse est prêt à faire ses débuts* sur la scène artistique parisienne.

Atelier

Né en 1893 avec *L'Atelier de Gustave Moreau*, le thème de l'atelier prend avec l'œuvre de Matisse une signification nouvelle. Dès 1900, il en multiplie les représentations et l'associe régulièrement au thème de l'intérieur, cher aux peintres intimistes tels que Pierre Bonnard*.

Sa peinture et sa vie semblent déjà ne plus faire qu'un. Transcendé par l'atmosphère du paysage de Collioure en 1905, l'atelier est ensuite prétexte au symbolisme du poisson rouge*, comme il l'est à la tradition de la nature morte*. Quand la peinture devient le sujet véritable de ses tableaux, parce qu'il prend conscience de ses limites, de « la rigidité du cadre », la couleur envahit ses ateliers. Peint en 1912, *L'Atelier rouge*, où ne subsistent que les contours des meubles, célèbre la couleur mais aussi la matérialité de la peinture. Les œuvres de Matisse qui recouvrent les murs l'incarnent en même temps qu'elles se dissolvent dans l'unicité de son intensité. Comme dans *Le Peintre et son modèle**, Matisse peint en réalité un tableau dans le tableau. Ce redoublement, qu'il prolonge ici par un redoublement de la figure pour insister de la même manière sur sa substance picturale, lui permet de détourner le regard du sujet et de nous inciter à la réflexion. Lieu d'action mais aussi de contemplation, l'atelier n'est pas seulement une toile de fond. Durant les années vingt, Matisse transforme l'atelier niçois en théâtre oriental, lieu de sa dialectique permanente entre le dessin et la couleur, et qui trouve son accomplissement dans le *Grand intérieur rouge* peint en 1948.

Baigneuses, jeunes filles au bain

En germe depuis 1909, la toile dite des *Baigneuses* ou *Demoiselles à la rivière*, interprétation des *Demoiselles au bord de Seine* de Gustave Courbet (1819-1877), trouve sa version définitive en 1916. Hiératiques dans leur posture monumentale, les jeunes femmes se dressent comme des colonnes au milieu d'un paysage marocain d'une stylisation extrême. Très semblables à la série des dos qu'il sculpte au même moment, les *Baigneuses* de Matisse rendent hommage aux *Trois Baigneuses* de Cézanne* comme elles citent l'art épuré d'un Puvis de Chavannes* (1824-1898). Tout le primitivisme* qu'il partagea avec les fauves puis

Baigneuses à la rivière, 1916, huile sur toile, 261,8 x 391,4 cm. Chicago, The Art Institute.

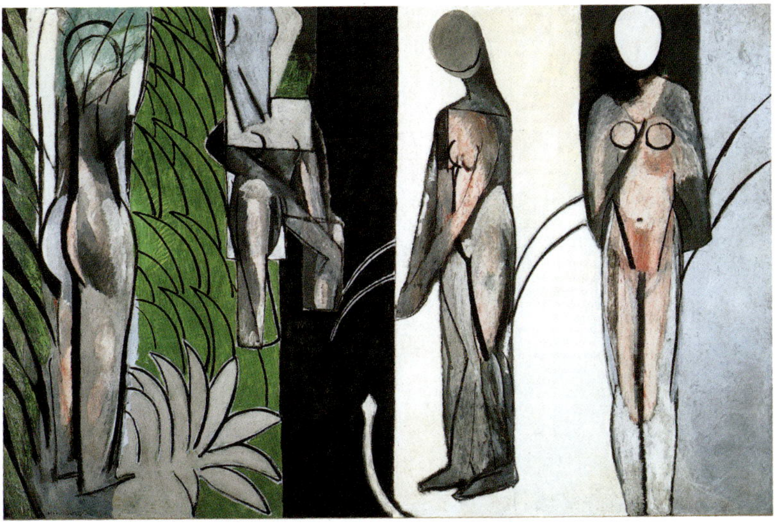

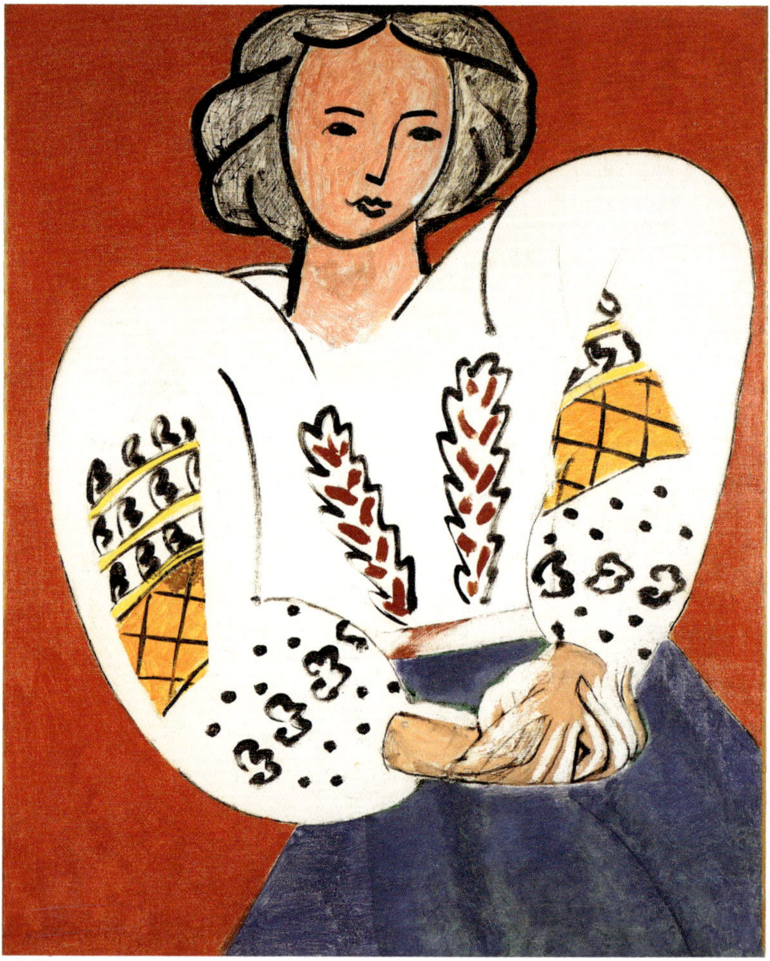

La Blouse roumaine, 1940, huile sur toile, 92 x 73 cm. Paris, Musée national d'art moderne.

qu'il développa au contact du cubisme* est mis au service d'une expressivité décorative qui dans sa construction semble offrir une réponse aux *Demoiselles d'Avignon* de Picasso*. En laissant les traces matérielles du cheminement de sa pensée, Matisse insiste cependant sur la fragilité des images, vanité à laquelle l'immédiateté des gouaches découpées* répondra avec une simplicité déconcertante. C'est dans cette mise en perspective de son rapport au temps que la toile des *Demoiselles à la rivière* prolonge le rêve paradisiaque de l'artiste. Car, nous explique Pierre Schneider, « le paradis ne se laisse saisir qu'au sein de l'histoire, ce qui le rend vulnérable, mais aussi accessible ». Et il ajoute : « L'éternité de l'image, qui suspend le temps est dans le temps. » Autrement dit, l'image est « éternité d'un instant, dieu dans le temps ». C'est dans ce sens que les déformations apportées par Matisse depuis *La Danse** et *La Musique** véhiculent le sacré.

Blouse roumaine (La)

Peinte en 1940, *La Blouse roumaine*, bien que soumise à l'espace scriptural, occupe une place à part dans l'œuvre de Matisse. Mais comme pour l'élaboration du *Nu rose**, l'artiste a photographié régulièrement l'évolution de son travail pour en fixer la trace car, dit-il, « à chaque étape, j'ai un équilibre, une conclusion ». Il transpose ainsi à la peinture la sérialité de la sculpture* qui lui permet d'apprécier les différentes visions de l'objet mué dans le temps. Installé dans son cadre comme les figures des tableaux anciens, ce buste de femme habillé d'un corsage brodé et posé sur un fond rouge n'a rien d'un portrait classique. Même s'il en conserve la sensualité, le tracé enlevé des contours réduit strictement les formes à l'essentiel. En même temps, il donne au visage une puissance expressive inégalable, provenant de l'habileté du peintre qui, pour toucher à la perfection, s'exerçait à dessiner en se bandant les yeux. Les motifs décoratifs, tout aussi stylisés, apparaissent en négatif et maculent le blanc étincelant de la blouse. Cette simplification de l'aspect décoratif, renforcée par la présence d'un fond uni, est là pour stimuler notre imagination ou laisser libre court à sa rêverie. En intitulant son œuvre *La Blouse roumaine*, Matisse déplace doublement le sujet du tableau et le ramène à la matérialité de sa substance décorative. Peint sur la toile tendue, le tissu du corsage se fond dans la matérialité de sa trame et accentue la symbiose qui s'opère. La représentation se confond désormais avec le tableau.

Bonnard (Pierre)

Tout comme Matisse, Pierre Bonnard (1867-1947) entame des études de droit mais entreprend rapidement une formation artistique. Issu de l'académie Julian et de l'École des beaux-arts, où il rencontre les futurs artisans du nabisme, Bonnard est fortement impressionné par la rétrospective Gauguin* de 1889, ainsi que par l'exposition d'art japonais organisée à Paris* l'année suivante. Surnommé le « nabi japonard »

Pierre Bonnard, *Nu dans le bain*, 1937, huile sur toile, 93 x 147 cm. Paris, Musée national d'art moderne.

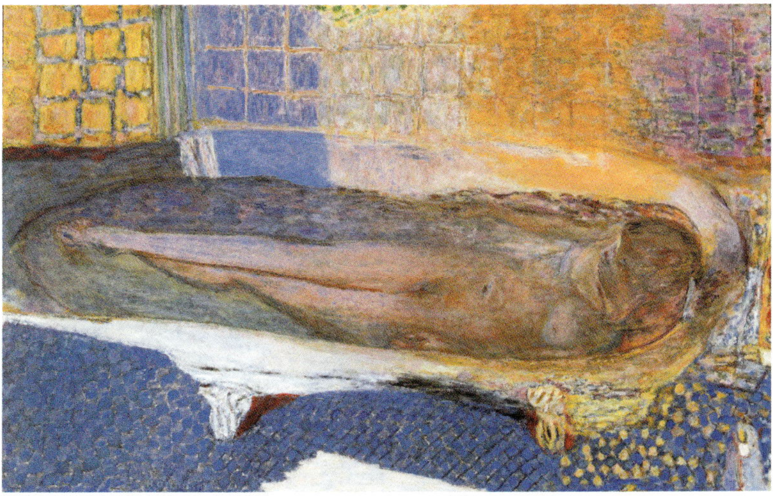

par ses amis, le plus intimiste des nabis prend son envol lorsqu'il découvre l'impressionnisme*. Sa palette s'éclaircit tout en restant harmonieusement contrastée et sa peinture s'ouvre sur le monde extérieur. D'Edgar Degas (1834-1917), il retient le jeu incessant de va-et-vient comme rythmiquement associé aux respirations de ses danseuses et adopte une perspective plongeante qui suspend le regard du spectateur. Mais c'est sans doute à Auguste Renoir (1841-1919) qu'il doit sa merveilleuse faculté de rendre l'aspect tactile des choses. Comme imbibées par l'humidité ambiante, ses toiles de nus au bain semblent recouvertes d'une fine couche de buée, derrière laquelle transparaît l'éclat de ses couleurs chaudes. Cédant à une perception plus architecturale qu'impressionniste, ses couleurs s'épanouissent dans leur pureté au contact de la lumière méditerranéenne, dès 1909. Fruits d'une ardente exaltation, les couleurs rayonnent de toutes parts pour se confondre dans un univers magique où règne une délicate présence féminine, celle de Marthe, épouse de l'artiste et unique modèle de ses aspirations. En achetant en 1912 *Intérieur d'atelier, Collioure*, Bonnard assoit la reconnaissance de Matisse, amorcée en 1905 par Paul Signac* (1863-1935).

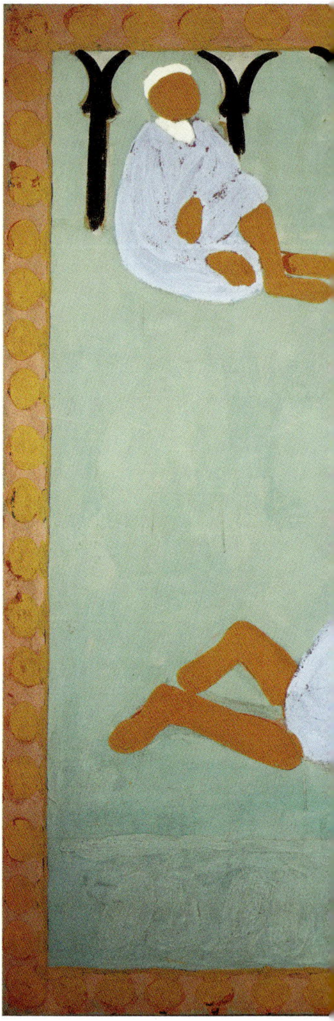

Café arabe (Le)

Baigné dans une ombre lumineuse et diaphane, *Le Café arabe* a des allures immatérielles. Seule la colonnade, rythmée par la présence de quatre figures, inscrite en haut de la composition, structure l'espace pictural et introduit la notion de profondeur, rompant ainsi avec le processus abstrait. Échos des poissons rouges* dans leur bocal, les deux personnages principaux, situés au centre du tableau, sur le trajet de sa diagonale, semblent flotter comme des nuages dans le ciel. Tous se résument à des masses de même couleur que viennent ponctuer des taches d'ocre, évocatrices de leur chair brune. Et pourtant, dans cette simplification extrême, inspirée des miniatures persanes

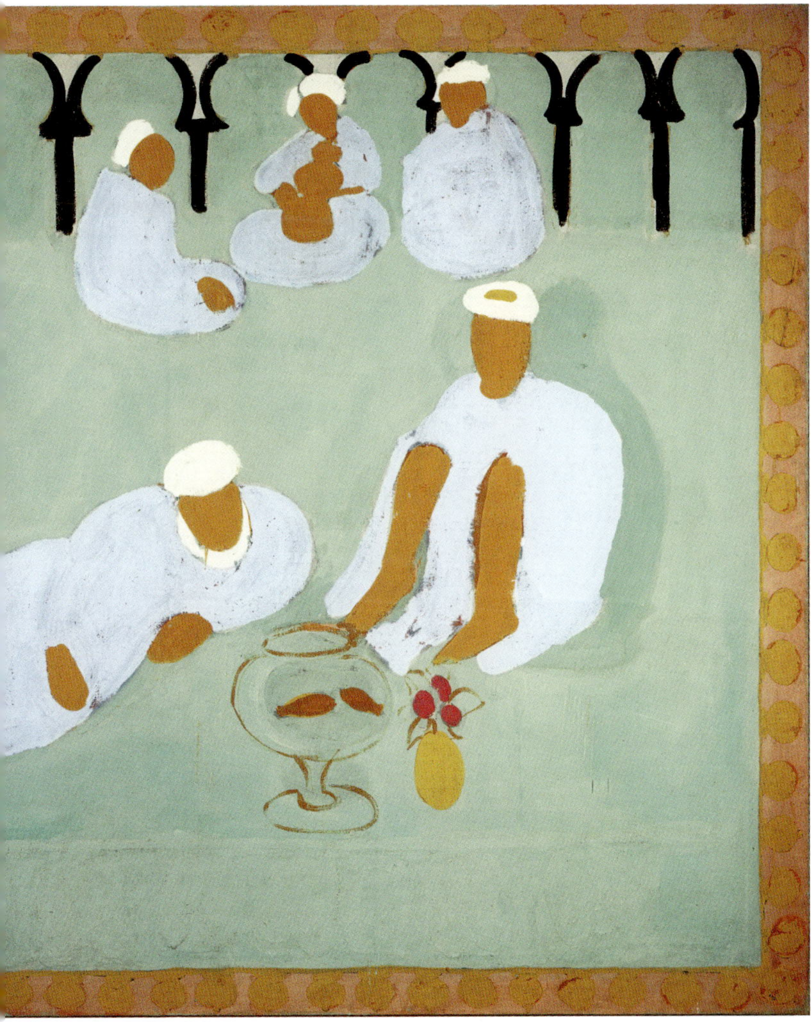

que Matisse découvre à Munich en 1910, transparaît son sens aigu de l'observation qui donne à ces acteurs désinvoltes une dimension réelle et majestueuse. Dans ce lieu, abrité des rumeurs de la ville, toute l'action repose sur ce qui anime les personnages : ceux du fond, qui rêvent ou qui devisent, ceux du premier plan qui contemplent le spectacle des poissons. Imbibée de cette peinture à la détrempe, légère et vaporeuse, qui enveloppe la composition d'une harmonie silencieuse presque aquatique, la toile se fait le reflet de la plénitude qui règne dans le café. « Œuvre culminante » de la période marocaine, *Le Café arabe* peut se lire, selon Pierre Schneider, comme « le troisième volet du triptyque où s'affirme le plus explicitement le sacré matissien et dont les deux premiers volets (*La Danse** et *La Musique**) avaient été exécutés auparavant ».

Le Café arabe, 1913, peinture à la colle sur toile, 176 x 210 cm. Saint-Pétersbourg, musée de l'Ermitage.

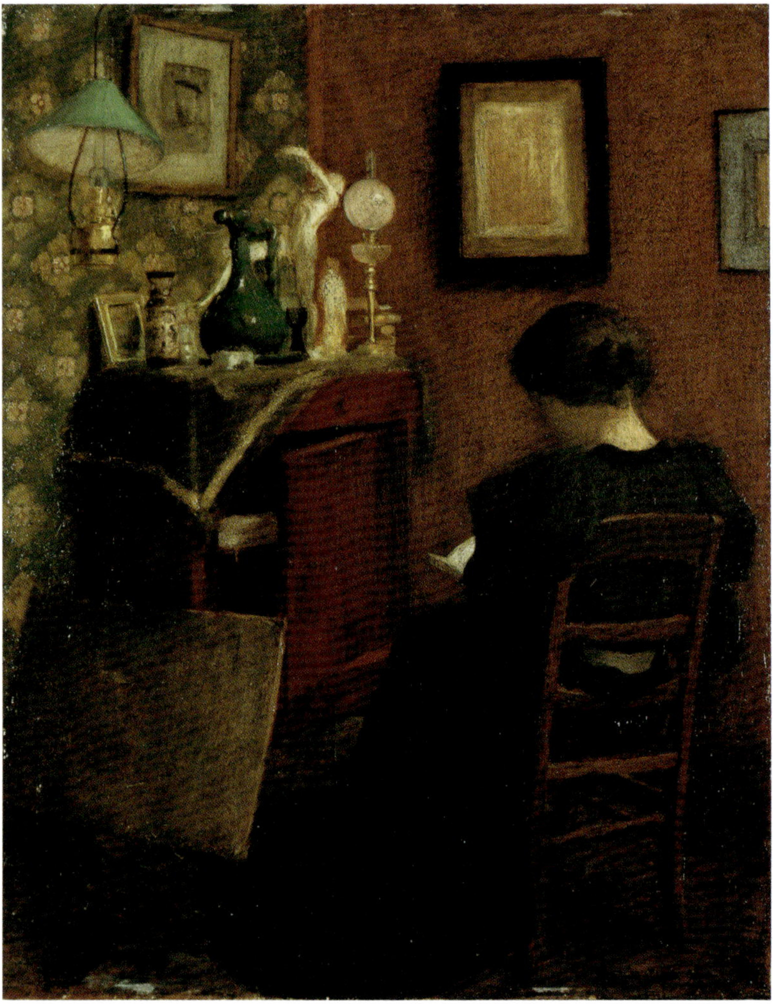

La Liseuse, 1895, huile sur bois, 61,5 x 48 cm. Paris, Musée national d'art moderne.

Camille

Fille de charpentier, orpheline très jeune, Caroline Joblaud, dite Camille (1873-1959), est élevée dans l'Allier par des religieuses puis monte à Paris* exercer le métier de modiste. Amoureuse comme Matisse des belles étoffes et des tissus* soyeux, elle incarne l'élégance de la jeunesse et le vrai chic parisien. Elle a dix-neuf ans quand ses yeux sombres et expressifs séduisent l'artiste dans l'atelier de Gustave Moreau*. Première figure humaine animant ses natures mortes*, Camille devient aussi sa maîtresse, avant de lui donner une petite fille baptisée Marguerite*. Contrairement aux règles étriquées de la bourgeoisie de l'époque, Matisse emménage quai Saint-Michel avec sa compagne, qui devient bientôt le modèle* rêvé de ses premiers portraits*. Peinte en 1895 par l'artiste en hommage à Corot (1796-1875), *La Liseuse*, incarnée par Camille, marque une étape importante dans la vie de Matisse. Première œuvre achetée par l'État, elle témoigne d'une réelle reconnaissance et inaugure une série de commandes.

Par ailleurs, la personnalité très enjouée de Camille enchante les amis de Matisse, et les séjours passés en Bretagne autour du peintre John Russell* s'inscrivent dans sa mémoire comme de précieux souvenirs. Puis devant l'accroissement de leurs difficultés financières et l'obstination de Matisse à poursuivre dans une voie singulière, Camille se rebelle et le couple finit naturellement par se séparer, au cours de l'hiver 1897. L'été les réunit à nouveau à Belle-Île, mais c'est seul qu'Henri regagne Paris où il rencontre celle qui va devenir sa femme, Amélie*.

Camoin (Charles)

Comme Rouault*, Manguin* et quelques autres, Charles Camoin (1879-1965) est issu de l'atelier de Gustave Moreau*. C'est en 1898 que Marquet* lui présente Matisse, alors étudiant à l'académie Carrière. Partageant leur misérable destinée, les trois hommes prennent l'habitude de se promener ensemble à l'affût du moindre personnage ou de la moindre scène à croquer, mais ils n'attirent ni les collectionneurs* ni les marchands*.
En 1902, Camoin est fortement impressionné par sa rencontre avec Cézanne* et entame avec lui une correspondance régulière. S'il est très lié à Marquet, dont il livre un portrait très significatif de son inspiration cézannienne, sa vision irréaliste de la couleur le rapproche de Matisse. Très sensible au renouveau divisionniste rapporté de son séjour tropézien par Matisse, Camoin se fond rapidement dans l'esthétique criarde et désinvolte du fauvisme* naissant. Plus tard, il accompagne Matisse lors de son second séjour au Maroc*. Mais il se méfie de l'élaboration de toute pensée esthétique. En 1955, il déclarera : « Mon instinct de coloriste me rapprochait de lui, mais ce qui restait chez moi du domaine de l'instinct devait très vite se développer chez lui en théorie. » Il ne cède pas d'avantage à l'aventure cubiste et se réfugie dans l'impressionnisme* de Renoir (1841-1919) qu'il rencontre à Cannes en 1918. Assagie au contact du vieux maître, sa peinture adopte une palette plus claire, en parfaite adéquation avec l'harmonie tranquille de ses allers et retours entre Paris et Saint-Tropez. Les liens tissés avec Matisse sont nourris par une abondante correspondance.

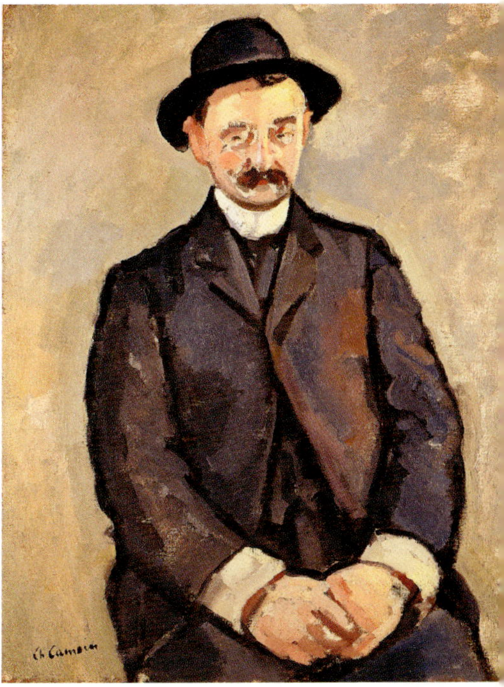

Charles Camoin, *Portrait d'Albert Marquet*, 1904, huile sur toile, 92 x 72,5 cm. Paris, Musée national d'art moderne.

CÉZANNE (PAUL)

Captivé par les interrogations de Paul Cézanne (1839-1906) sur la peinture, Matisse est certainement fasciné par la rupture qu'il crée avec la perspective telle qu'Alberti (1406-1472) l'a définie au xve siècle, rupture fondamentale qui n'est autre que l'expression de l'abstraction. Et pourtant, cet artiste issu de la bourgeoisie catholique et conservatrice ne doit sa découverte qu'à son obstination de peindre et de repeindre les mêmes motifs. Précédée par une genèse véhémente et romantique, sa palette s'éclaircit dans les années 1870. Caractéristiques de sa peinture constructive, les simplifications se systématisent après 1896. Ainsi, à partir de 1879, Cézanne exécute, selon ses propres termes, « du Poussin sur nature », c'est-à-dire qu'il fait coïncider l'unité spatiale et l'unité de l'intensité colorée, tout en réduisant les détails des paysages méditerranéens qu'il restitue. Autrement dit, Cézanne sollicite le réel mais donne libre cours à son imaginaire. Pour lui, « l'art est une harmonie parallèle à la nature ». C'est à cette époque qu'il peint *Les Trois Baigneuses*, achevées en 1882 et achetées par Matisse à Ambroise Vollard en 1899. Le thème du nu dans la nature est un thème cher à Cézanne, qu'il aborde là sans souci d'érotisme, mais qui constitue un moyen d'aller plus en avant

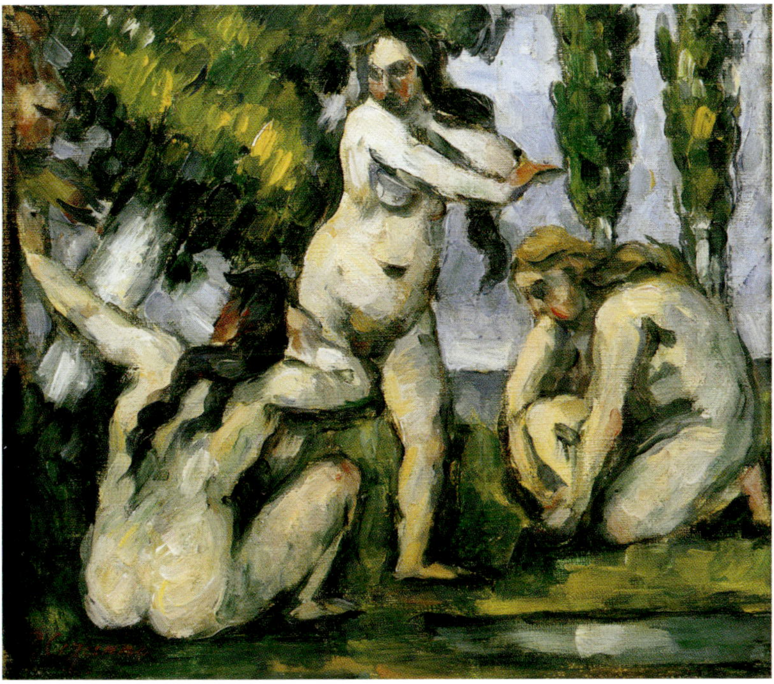

Paul Cézanne, *Les Trois Baigneuses,* vers 1875-1877, huile sur toile, 22 x 19 cm. Paris, musée d'Orsay.

dans ses recherches picturales. De structure pyramidale, la toile doit tout son dynamisme au jeu des courbes des arbres et de celles des femmes qui se répondent, comme se répondent les tons froids de l'harmonie colorée constitutive de l'espace. Synthèse des leçons de Pissarro*, de Monet (1840-1926) et de Degas (1834-1917), la toile des *Baigneuses* pousse Matisse à abandonner la construction des volumes par le modelé et à adopter un système de « volumes colorés », sans altérer le pouvoir rayonnant de la couleur. À l'origine de son art, elle l'incite aussi à se lancer dans le nu et dans la sculpture*. Durant l'été 1905 à Collioure, Matisse, en pleine interrogation sur les limites du divisionnisme, puise une fois encore dans les écrits de Cézanne pour trouver la solution à ses prblèmes de hiérarchisation : « Le dessin et la couleur ne sont point distincts [...]. Quand la couleur est à sa richesse, la forme est à sa plénitude. » Intimement lié à celui qu'il définit comme « une sorte de Bon Dieu de la peinture » et qui lui enseigna la spiritualité de l'arabes-que, Matisse continuera tout au long de sa vie à suivre son exemple et à acheter ses œuvres. En 1949, il déclare : « Je dois mon art à tous les peintres », et avoue : « Dans l'art moderne, c'est indubitablement à Cézanne que je dois le plus. »

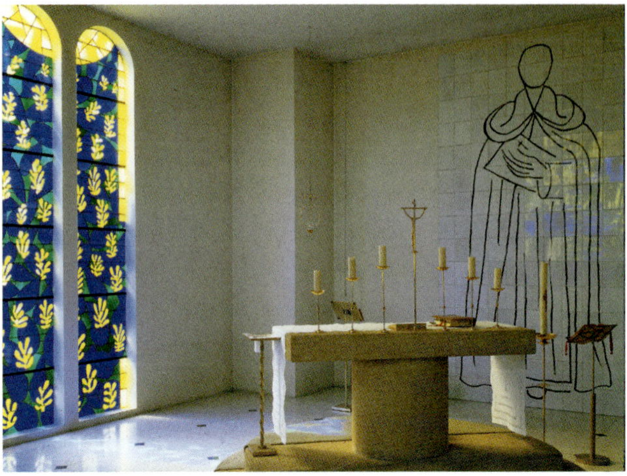

La chapelle du Rosaire à Vence : l'autel et l'Arbre de la vie, 1948-1951, vitrail.

Chapelle de Vence

Sœur Jacques-Marie, l'infirmière dont il a fait une série de portraits* en 1942-1943, prononce ses vœux en septembre 1946 au foyer Lacordère de Vence. Désireuse d'aménager le hangar qui sert de chapelle aux dominicaines, elle demande tout naturellement conseil à Matisse. L'artiste corrige d'abord sa maquette, puis se propose de réaliser les vitraux, et finalement d'exécuter lui-même la chapelle du Rosaire. Dans son journal, Matisse raconte à la troisième personne la maturation du projet : « [...], l'intérêt qu'il a trouvé aux recherches par jeu, à des rêveries de vitraux possibles, le besoin d'une ouverture et d'un dépassement de son art, la maladie et la vieillesse, ont concouru à lui faire prendre conscience de besoins nouveaux, de possibilités de son art qu'il ignorait lui-même et de l'esprit de l'Église. » En décembre 1947, le frère Rayssiguier rend visite à Matisse pour s'entretenir de son projet. S'il est surpris par la sobriété déployée par l'artiste, le jeune frère comprend vite l'enjeu : la lumière. Le *Saint Dominique* et la *Vierge à l'Enfant*, qui décorent le flan droit de la chapelle, sont constitués de grands carreaux de céramique de couleur blanche rehaussés d'un dessin noir. « Il en résulte un ensemble noir sur blanc, dans lequel le blanc domine, d'une densité formant un équilibre avec la surface du mur opposé, constituée de vitraux qui vont du sol jusqu'au plafond et qui expriment, dans des formes voisines, une idée de feuillages toujours de même origine venant d'un arbre caractéristique de la région : le cactus à palettes garnies d'épines, fleurissant jaune et rouge. Ces vitraux sont composés de verres de trois couleurs bien décidées, qui sont un bleu outremer, un vert bouteille, un jaune citron, réunis dans chaque partie du vitrail. » Des figures de saint Dominique et de la Vierge se dégage un profond sentiment de paix qui sied parfaitement au recueillement auquel ils invitent. « En somme, les céramiques sont l'essentiel spirituel et expliquent la signification du monument. » Le *Chemin de Croix*, qui constitue le troisième panneau de carreaux de céramique, a initialement été conçu dans le même esprit décoratif que les deux précédents. « Mais, s'étant trouvé empoigné par le pathétique de ce drame si profond, il a bouleversé l'ordonnance de sa composition. L'artiste en est devenu tout naturellement le principal acteur : au lieu de refléter ce drame, il l'a vécu et l'a exprimé ainsi. » Le spectateur est saisi par le drame de la Passion et partage avec émotion le sentiment du peintre. Enfin, les taches colorées des vitraux se projettent dans la blancheur de l'espace et animent d'une douce lumière bleue et jaune la présence du saint protecteur et de la Vierge Marie. « Aboutissement d'une vie », la chapelle du Rosaire, sous l'emprise de la lumière, restitue à l'échelle monumentale le parfait équilibre des gouaches découpées* et des pages d'écriture de *Jazz*. Entrez dans cette chapelle, vous entrerez dans la lumière…

Collectionneurs

Les premiers collectionneurs à jouer un rôle important dans la vie de Matisse sont l'écrivain Gertrude Stein (1874-1946) et son frère Leo. Hésitants devant l'audace des tableaux exposés chez Berthe Weill, les deux Américains finissent par se porter acquéreurs de *La Femme au chapeau** qui assoit le fauvisme* dans le champ de l'art moderne. Amateurs d'art autant que de littérature, ils se lient d'amitié avec Matisse et Picasso*, comme avec de nombreux futurs grands artistes parisiens. Amies de Gertrude Stein, le docteur Claribel Cone et sa sœur, originaires de Baltimore, achètent le *Nu bleu, souvenir de Biskra** en 1926, puis de multiples autres œuvres conservées aujourd'hui au Museum of Art de Baltimore. C'est pour elles que Matisse peindra le *Nu rose** de 1935. Autre collectionneur jouant un rôle décisif dans la vie de Matisse: le russe Sergei Ivanovitch Chtchoukine qui, suite au Salon des indépendants de 1906, demande au célèbre marchand* Ambroise Vollard de lui présenter Matisse. Il lui achète une nature morte en lui disant: « Si je peux la supporter, et qu'elle continue de m'intéresser, je la garderai. » L'impact fut tel qu'il lui commanda notamment, pour sa maison de Moscou, *La Danse** et *La Musique**. La Première Guerre mondiale entraîna sa ruine et sa collection devint la propriété du musée de l'Ermitage de Saint-Pétersbourg. Enfin, le docteur Barnes, richissime amateur d'art, collectionna dès 1914 les œuvres du peintre avant de lui commander *La Danse Merion**.

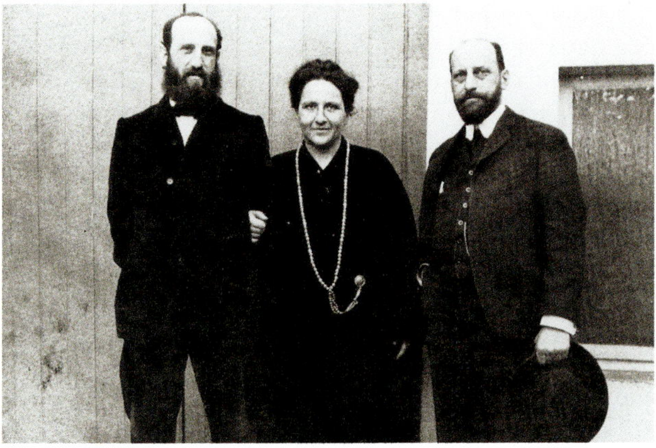

Leo, Gertrude et Michael Stein, vers 1906.

CONVERSATION (LA)

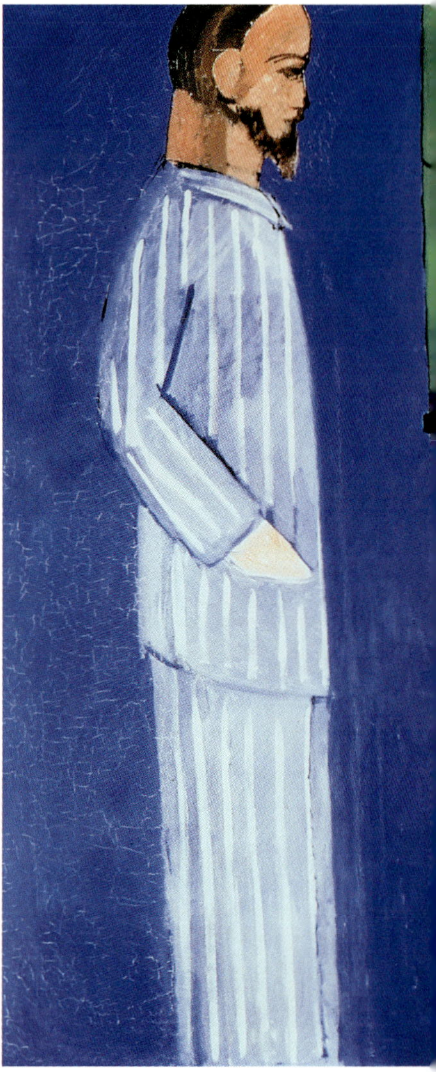

C'est incontestablement l'un des tableaux de Matisse qui a fait couler le plus d'encre. L'œuvre, qui oppose de profil un homme debout et une femme assise dans un espace indéfini, saisit par l'aspect solennel de la scène et l'omniprésence d'un bleu intense qui participe de son caractère sacré. Imitant, d'après Jack Flam, la stèle d'Hammurabi, conservée au département des Antiquités égyptiennes au Louvre, cette toile, peinte en pendant de *La Desserte, harmonie rouge**, au départ conçue pour être bleue, est perçue par Pierre Schneider comme l'image de la dispute. D'après lui, le personnage en pyjama rayé est Matisse, l'autre figure, sa femme Amélie*. Le contraste entre une description sombre de l'intérieur et une forte luminosité extérieure, introduite par l'ouverture de la fenêtre*, traduit la notion de discorde : « La conversation est, à la vérité, une conversation interrompue – interrompue par l'irruption de l'incandescence extérieure qui déchire l'intimité [...]. » Cette dualité puissante, qui s'exprime plastiquement dans l'opposition des courbes féminines et des verticales masculines, se retrouvera dans d'autres peintures comme *Le Peintre et son modèle**. Elle est également illustrée par la balustrade, élément symbolique de la séparation des deux mondes mais aussi de leur perméabilité. C'est déjà ce qu'il y a « entre » les choses qui intéresse Matisse

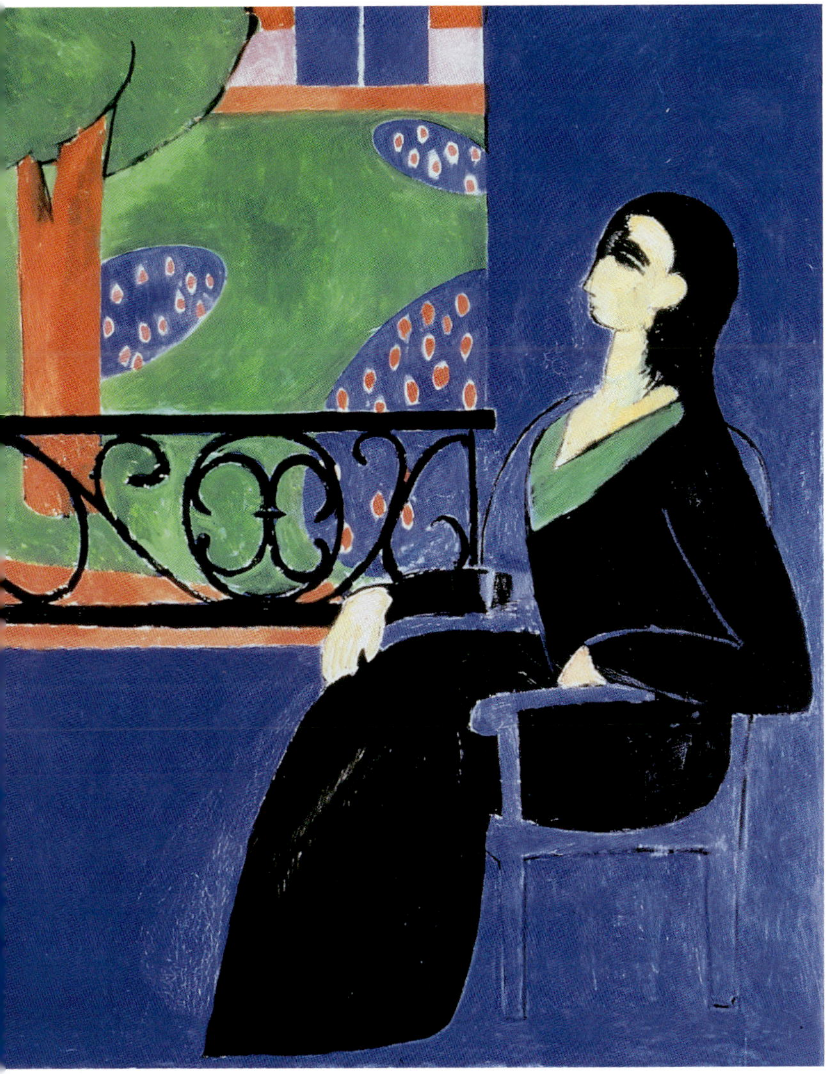

La Conversation, 1911, huile sur toile, 177 x 217 cm. Saint-Pétersbourg, musée de l'Ermitage.

comme ce qu'il y a « entre » les personnes, et c'est ce qu'il cherchera désormais à peindre. Mais Pierre Schneider fait observer que ce dualisme n'exclut pas l'unité – unité de rythme et unité de volume – qui fait que, finalement, « les figures dévoilent leur complicité ». En définitive, de ce corps à corps, qui ne peut exprimer de façon concrète les sentiments qui l'anime, émane, selon la formule de Mallarmé (1842-1898), « une centrale pureté » que l'on peut qualifier de « religieuse » et qui fait de ce tableau une sorte d'icône byzantine. Annonciation révélatrice de la spiritualité du peintre, *La Conversation* est en réalité l'emblème de son art.

Cubisme

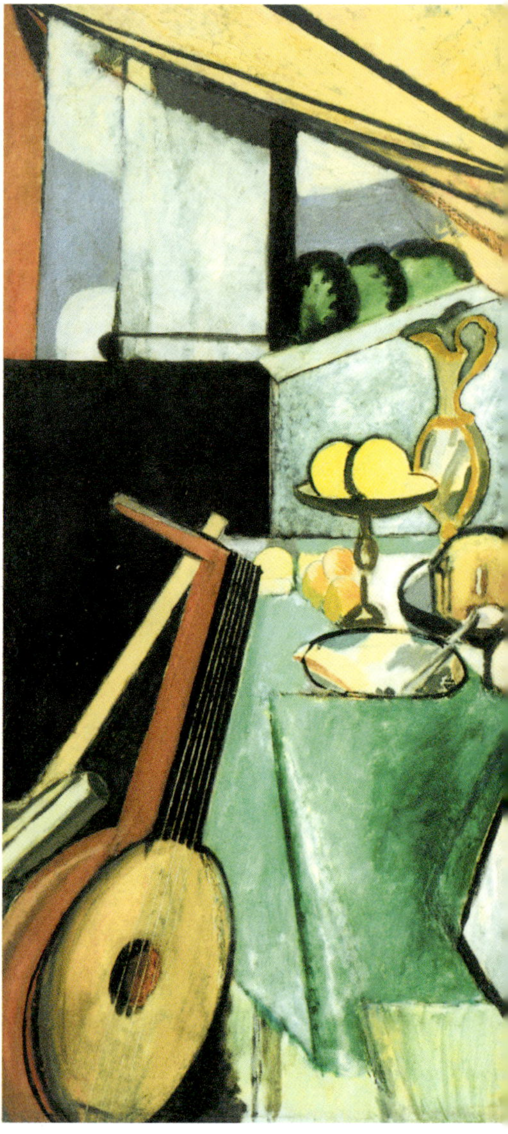

Initié par *Les Trois Baigneuses* de Cézanne* qui inspirèrent tant Matisse, le cubisme naît avec le célèbre tableau peint par Picasso* en 1907, intitulé *Les Demoiselles d'Avignon*, et s'affirme à partir de 1909. Retenant de l'œuvre cézannienne la suggestion des volumes par des formes géométriques et l'absence d'unité dans la représentation et le traitement de l'espace, Picasso inaugure une nouvelle façon de peindre qui consiste à représenter les motifs par des perspectives divergentes et à mettre en valeur la surface bidimensionnelle de la toile. Cette prise de conscience de la mobilité des figures et des objets découle également des théories d'Einstein qui perçoit l'espace comme le résultat des relations entre ces différents objets corporels. En pleine mutation, les portraits* ne sont plus représentés « dans » un espace préalable mais « sur » l'espace totalement déconstruit. Ainsi, Apollinaire (1880-1918) aime à dire du cubisme : « C'est une proposition de lieu [...]. Ce sont des rêves atteints uniquement par le regard et le seul sentiment [...]. » Les petits cubes juxtaposés par Braque (1882-1963) pour figurer ses paysages illustrent bien ce sentiment de la peinture comme la volonté d'accéder à une pureté esthétique de la forme. C'est d'ailleurs le terme de « bizarreries cubiques », employé par Louis Vauxcelles en 1909 à propos des œuvres de Braque, qui donne son nom au cubisme. À partir de 1911, cet élan radical adopte le principe de la construction pyramidale et développe l'apparition des touches tactiles. Son langage plastique s'enrichit également de chiffres et de lettres appliqués au pochoir. Puis, en 1912, la mise en pratique des papiers collés réintroduit la présence de la couleur, abandonnée jusque-là. Les représentations se jouent de plus en plus du réel et tendent naturellement vers l'abstraction. Rejoint par Gris (1887-1927) dès 1911 et théorisé par Gleizes (1881-1953) et Metzinger (1883-1956) en 1912, le cubisme, à l'origine de la plupart des cou-

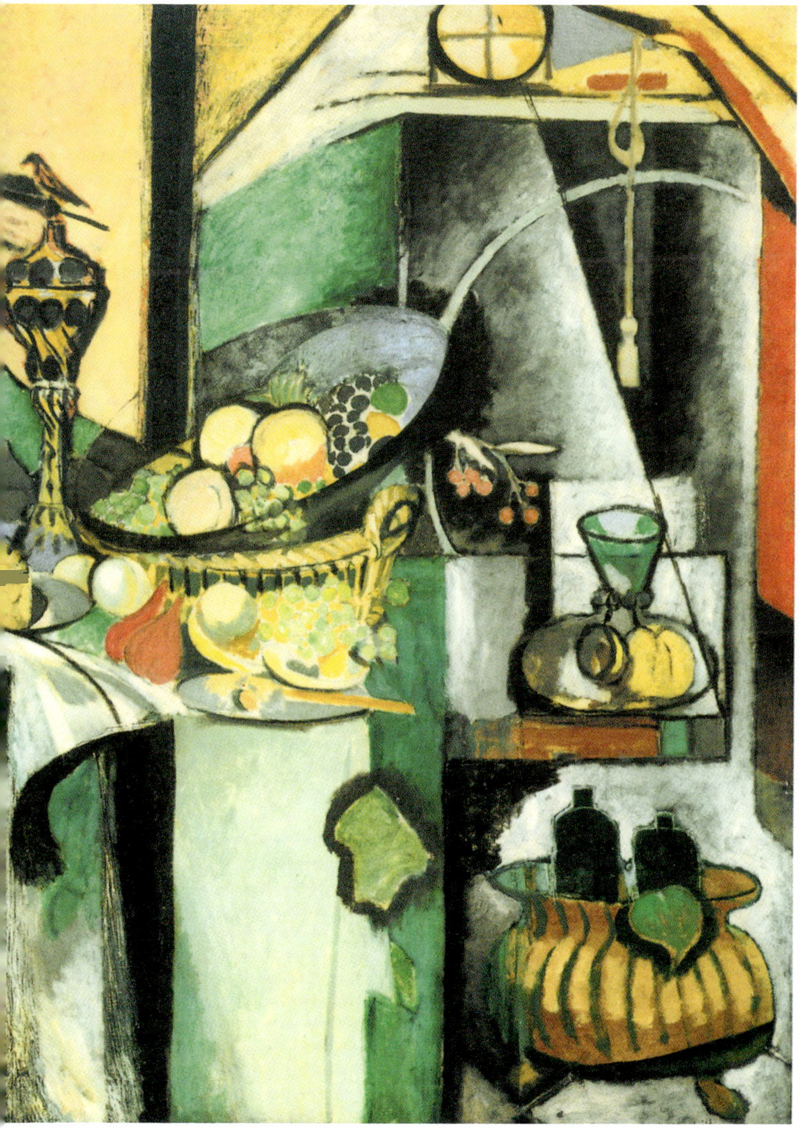

rants abstraits, connaît ensuite une diversification de la forme. Si Matisse, avec son *Nu bleu, souvenir de Biskra** participe à sa formation, il développe un cubisme propre, où géométrie rime parfois avec radicalité. « Un tournant difficile pour moi fut la période du triomphe du cubisme. J'étais pratiquement le seul à ne pas participer aux expériences des autres. Bien sûr, le cubisme m'intéressait mais il ne parlait pas à ma nature profondément sensorielle », raconte Matisse. Assombrie par le noir et le gris, *La Desserte** de 1915, dans la rigidité de ses angles, témoigne des concessions bienveillantes de l'artiste.

Nature morte d'après La Desserte *de Jan Davidsz de Heem*, 1915, huile sur toile, 180,2 x 220,8 cm. Collection privée.

DANSE (LA)

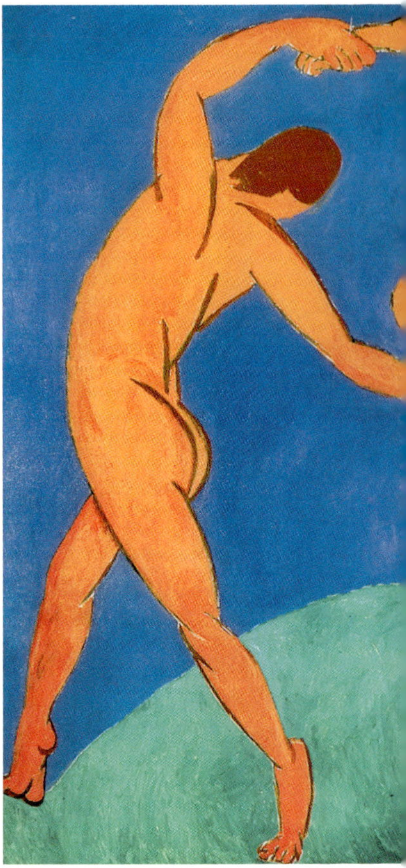

C'est en 1909 que Sergei Chtchoukine, fervent admirateur et grand collectionneur* de Matisse, lui commande pour sa maison moscovite un panneau décoratif sur le thème de la danse. Spectateur réjoui des sardanes dansées par les pêcheurs de Collioure, Matisse aime la danse parce qu'elle est la vie et le rythme. Désormais, elle ne va cesser de l'inspirer. Dans ses entretiens avec Jean Charbonnier, publiés en 1960, Matisse explique comment il a nourri ce sentiment de la danse : « Lorsqu'il m'a fallu composer une danse pour Moscou, j'ai simplement été au Moulin de la Galette le dimanche après-midi. Et j'ai regardé danser. J'ai regardé notamment la farandole [...]. Et en rentrant chez moi, j'ai composé ma danse sur une surface de quatre mètres, en chantant le même air que j'avais entendu au Moulin de la Galette, si bien que toute la composition, tous les danseurs sont d'accord et dansent sur le même rythme. » En moins de deux jours, l'artiste fournit une première aquarelle préparatoire qui convainc définitivement l'acheteur russe et qui donne lieu à une première version, d'une grande fraîcheur, intitulée *La Danse I*, aujourd'hui au Museum of Modern Art de New York. Cette œuvre, dans son économie de couleurs – l'azur du ciel, le rose des corps, le vert de la colline – incarne parfaitement le sens de sa peinture : un appel au recueillement. Quelque temps plus tard, Matisse peint une deuxième version plus aboutie, témoignage de ses recherches sur le volume. *La Danse*, achetée par Chtchoukine en 1910, est conservée au musée de l'Ermitage à Saint-Pétersbourg. Les deux compositions sont structurées par les corps des danseuses et puisent leur dynamisme dans l'ovale qu'ils composent, mais la seconde version, où le bleu du ciel et le vert de la colline s'entre-

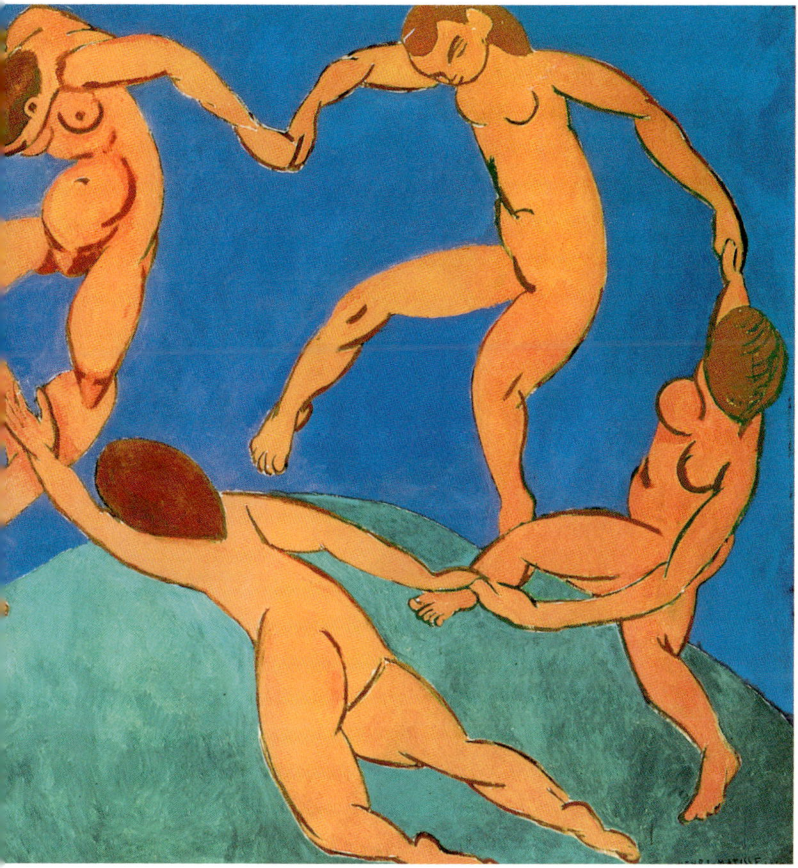

La Danse, 1909-1910, huile sur toile, 260 x 391 cm. Saint-Pétersbourg, musée de l'Ermitage.

choquent avec le vermillon des corps, provoque une sorte d'éblouissement, écho de l'intensité qui se joue. En réalité, le thème de la danse habite Matisse depuis déjà quelques années. Transposée à une échelle monumentale, cette ronde reprend presque littéralement le motif central de *La Joie de vivre** peint en 1906 et sculpté sur bois en 1907. Figure emblématique de l'Âge d'or, dominé par le culte du soleil, la farandole incarne dans sa violence extatique la religion suprême de Matisse : le bonheur. Selon Pierre Schneider, il est le premier artiste à utiliser ce procédé métonymique qui, tout en l'esqui-vant et en le rapprochant, permet au sacré de recouvrir la toile de son voile mystérieux. « Le Dieu se manifeste dans la violence, nous sommes par lui saisis brutalement, alors que son nom, pour Matisse, est Bonheur, et les vertus qu'il lui attribue, "sérénité", "repos", "apaisement". » Cette sacralisation du réel, qui conduit au ravissement, trouve des échos dans toute l'œuvre postérieure de Matisse, et particulièrement dans son pendant, *La Musique**.

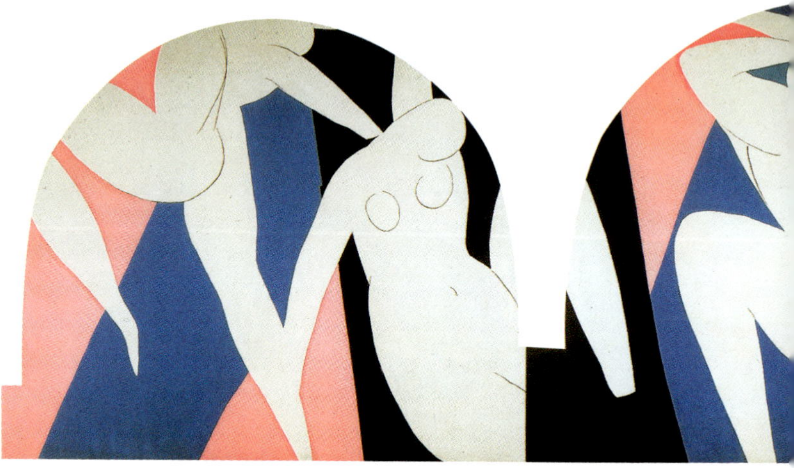

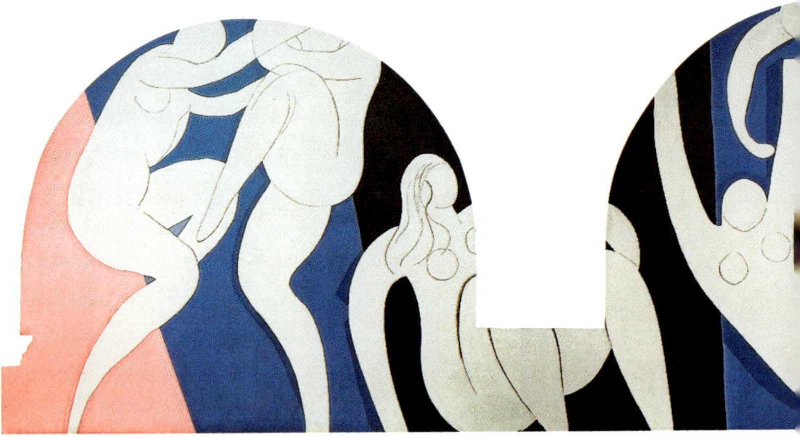

La Danse (première version), 1931-1932, huile sur panneau. Paris, musée d'Art moderne.

La Danse (deuxième version), 1932-1933, huile sur panneau. Merion, The Barnes Foundation.

Danse Merion (La)

À la fin de 1930, après plusieurs visites sur place, Matisse commence la fresque que le docteur Barnes lui a commandée pour sa fondation ouverte en 1922 à Merion, dans la banlieue de Philadelphie. Le collectionneur* lui laisse l'entière liberté du motif, mais il doit répondre à une seule exigence, l'échelle monumentale de la surface à peindre : trois ogives situées au-dessus de trois gigantesques portes-fenêtres. Il loue alors un garage au centre de Nice et s'attaque à une toile de soixante-douze mètres carrés qu'il répartit en trois arches de près de quatre mètres de large et de plus de trois mètres de haut. Dans son souci perpétuel de conserver l'équilibre de la composition, il met en place le système des gouaches découpées* qui lui permet de déplacer les formes à

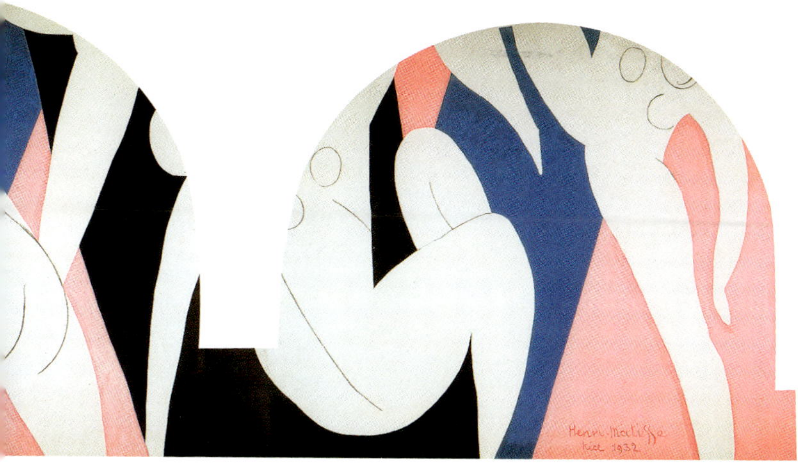

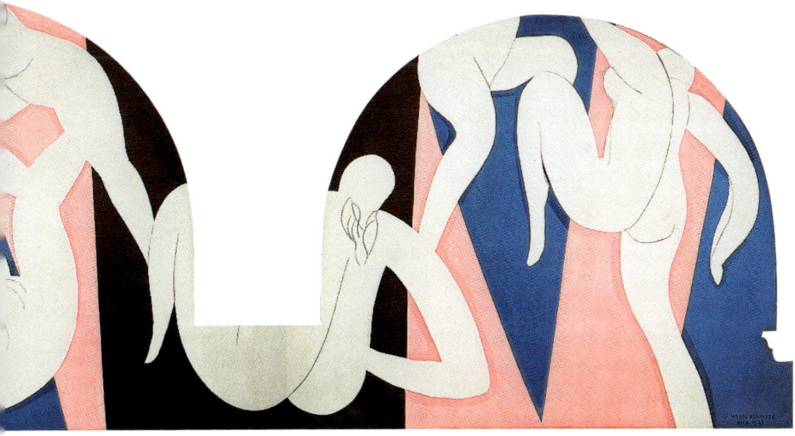

sa guise ou de les modifier dans l'espace de la toile. D'abord esquissées dans une harmonie bleue, les figures de *La Danse* de 1932, conservée au musée d'Art moderne de la Ville de Paris, scandent l'espace de leur blancheur éclatante et légère. Mais les dimensions de cette première version sont trop petites, et c'est en 1933 que Matisse achève l'œuvre qui prend place à Merion poursuivant « l'idée déjà exprimée dans une partie du tableau exposé au musée de Merion et intitulé *Le Bonheur de vivre* [ou *La Joie de vivre**] ». En plaçant son fusain au bout d'un bambou, et en dessinant directement sur la toile, Matisse ressuscite, dans la limpidité de ses figures, le sentiment de l'Âge d'or. En route pour la chapelle de Vence*, il parvient déjà à donner « dans un espace limité, l'idée d'immensité ».

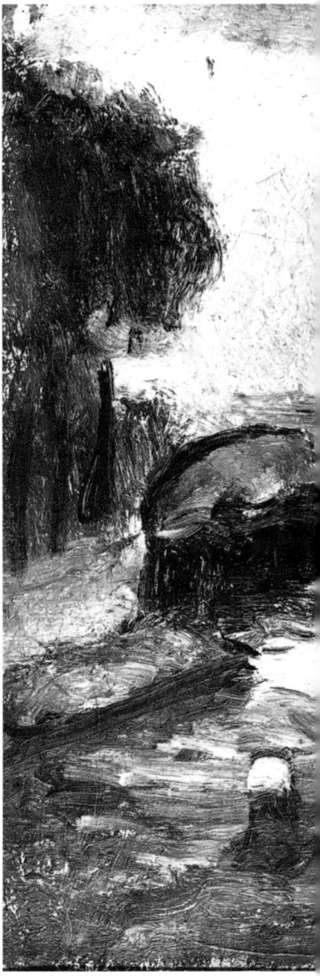

Pont sur la Seine, 1896, huile sur toile, 32 x 41 cm. Collection privée.

DÉBUTS
Ou « l'entrée dans les salons »

C'est seulement au printemps 1895, cinq ans après son arrivée aux Beaux-Arts que Matisse réussit enfin l'examen d'entrée, mais le jury du Salon officiel continue de bouder ses œuvres. Cependant, après l'échec retentissant de son élève préféré, Georges Rouault*, au prix de Rome, c'est en lui que Gustave Moreau* fonde tous ses espoirs. Au début de l'année 1896, il se rend dans son atelier du quai Saint-Michel pour choisir les œuvres susceptibles d'être exposées au Salon de la Société nationale des beaux-arts. Créé au début des années quatre-vingt-dix par Puvis de Chavannes* (1824-1898), pour manifester son ressentiment à l'égard du pouvoir hégémonique de William Bouguereau (1825-1905), ce salon dissident offre un cadre de sélection beaucoup moins rigide. Matisse y est donc désormais convié à exposer chaque année une dizaine de toiles. L'année s'annonce bien pour le jeune peintre qui vend plusieurs tableaux à l'État, et notamment *La Liseuse*, entraînant dans son sillage plusieurs commandes de la part de son entourage familial. Cinq ans après son départ jugé scandaleux, Bohain-en-Vermandois peut être à nouveau fier de l'enfant du pays qui voit s'esquisser une première reconnaissance. Égayées par des liens solides avec d'autres jeunes peintres comme Simon Bussy (1870-1954) ou Henri Evenepoël (1872-1899), ses longues années estudiantines, marquées par le doute et la misère, semblent enfin porter leurs fruits. Désireux maintenant de s'affranchir des règles académiques, Matisse commence à animer ses natures mortes* de la délicate présence de Camille* et renoue avec le paysage.

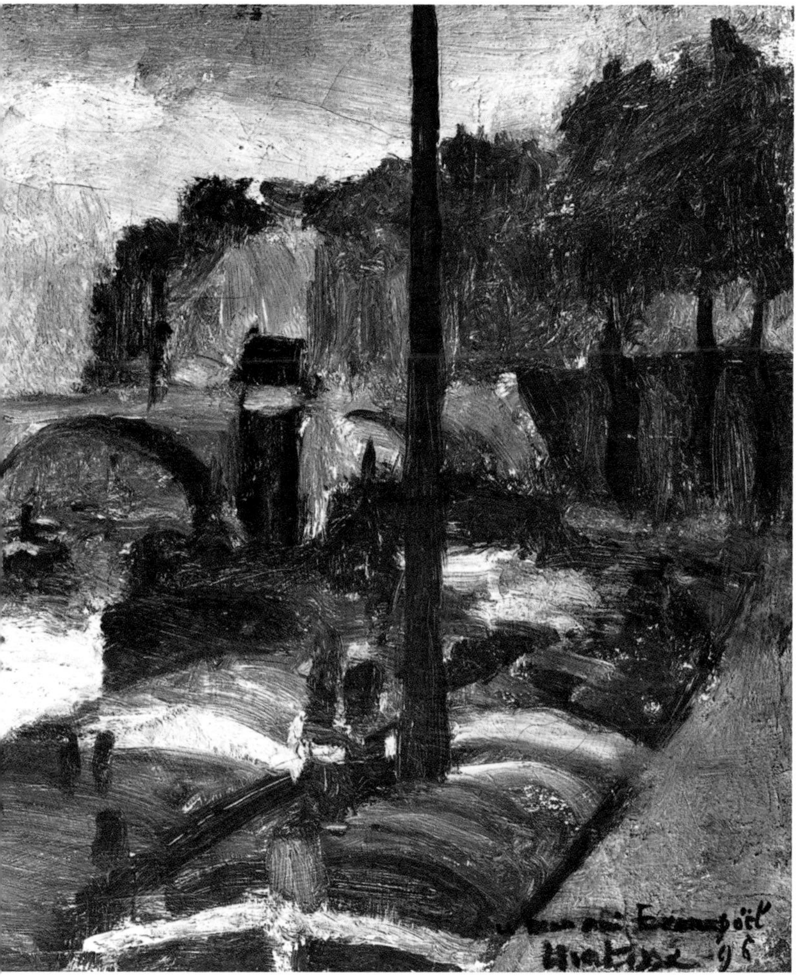

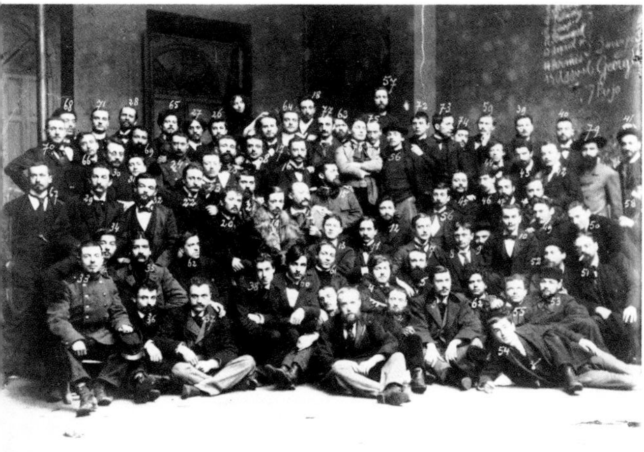

L'atelier Gustave Moreau à l'École des beaux-arts, vers 1894. Bruxelles, Archives de l'art contemporain, Musées royaux des beaux-arts.

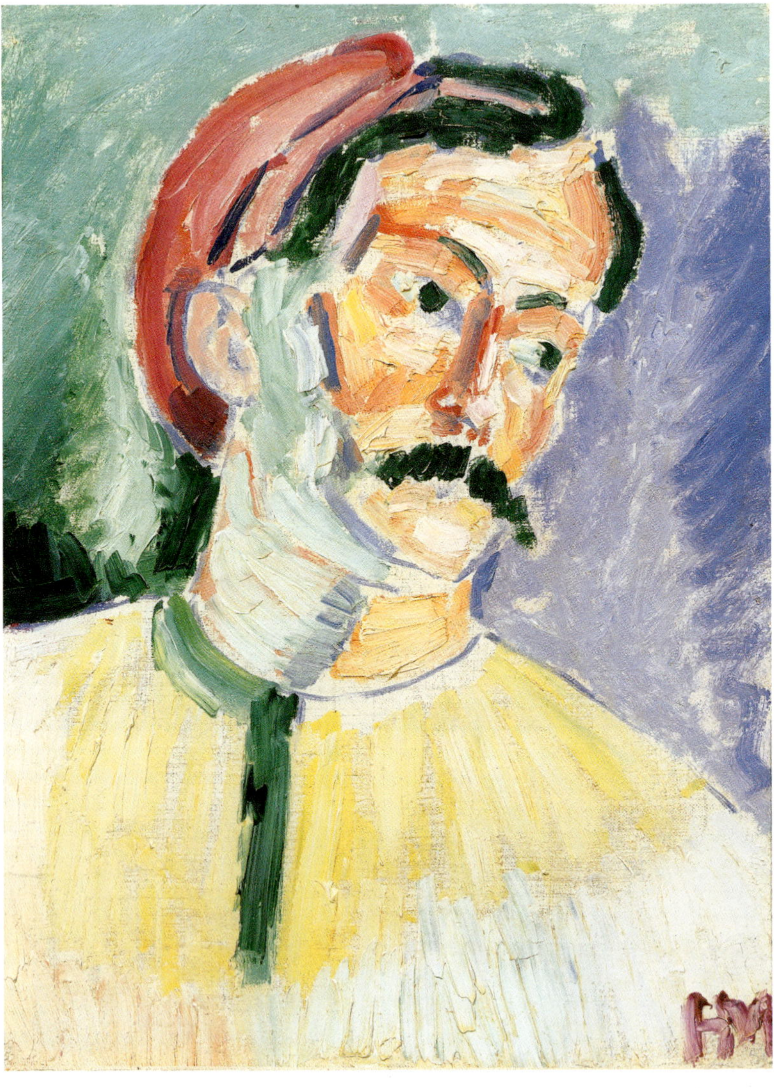

Derain (André)

Rivalisant d'audace au sein de l'atelier d'Eugène Carrière (1849-1906), Henri Matisse et André Derain (1880-1954) se lient rapidement au cours de leurs séances de copie, puis partagent avec bonheur leurs interrogations et leurs découvertes. Avant de s'adonner au fauvisme* naissant et d'en livrer quelques-uns des plus beaux spécimens, Derain, qui hésite encore à se démarquer de la tradition, fait déjà preuve d'originalité. Il peint quelque temps dans un atelier de Chatou avec Maurice de Vlaminck (1876-1958), qu'il présente à Matisse au cours de la rétrospective Van Gogh (1853-1890), organisée en 1901 chez Bernheim-Jeune. Mais Derain semble avoir été marqué plus tardivement par l'art de Van Gogh, peut-être à l'issue de l'exposition organisée par Matisse lui-même, au Salon des indépendants, en 1905. 1905 est aussi l'année où Derain rompt sans difficulté avec le néo-impressionnisme* et où il retrouve Matisse à Collioure. Là, il peint Matisse comme Matisse peint Madame Matisse à *La Raie verte**. Les couleurs y sont tout aussi violentes mais l'observation y est plus naturaliste. Comme Matisse, Derain se rend à Londres, s'enivre de Turner (1775-1851) et s'incline devant l'art primitif. Rigoureusement mais toujours délicatement composées, ses œuvres fauves se nourrissent ensuite de l'art de Gauguin*. Les constructions y sont plus souples, les personnages plus déformés et le rythme curvilinéaire systématisé. Après sa rencontre avec Picasso* en 1907, il se brouille avec Matisse et s'engage dans l'expérience cubiste avant de renouer avec une peinture à la recherche du passé. Mais c'est aux bons soins de Matisse qu'il confiera sa femme Alice, en 1914, avant de partir au front.

Desserte (La)

Après les copies de maîtres, Matisse achève sa première *Desserte* au printemps 1897 pour le Salon de la Société nationale des beaux-arts. Le tableau, porteur de ses nouvelles expériences et destiné à couronner le succès des années précédentes, est bien mal accueilli. Inspirée par une œuvre du peintre hollandais Jan Davidsz de Heem (1606-1684), la scène, étudiée en Bretagne sur nature et reconstituée par l'artiste dans son atelier, est illuminée par les couleurs du prisme solaire. Dans une composition bien ordonnée, animée par la posture penchée de Camille* comme dans un hommage au fameux *Bénédicité* de Chardin (1699-1779), la touche légèrement décomposée fait vibrer la toile à chaque instant et révèle avec force et éclat la puissance d'un Monet (1840-1926). Seul Gustave Moreau* défend son élève avec conviction devant tant d'audace : « Laissez faire, ses carafes sont d'aplomb sur la table et je puis poser mon chapeau sur leurs bouchons. C'est l'essentiel. » Quelques années plus tard, Matisse expliquera l'incompréhension générale face à cette œuvre : « J'ai travaillé en impressionniste, directement d'après nature et j'ai ensuite cherché la concentration et une expression plus intense, aussi bien dans les lignes que dans la couleur ; alors, il fallait évidemment que je sacrifie d'autres valeurs,

André Derain, Collioure, été 1905, huile sur toile, 39,5 x 29 cm. Londres, Tate Gallery.

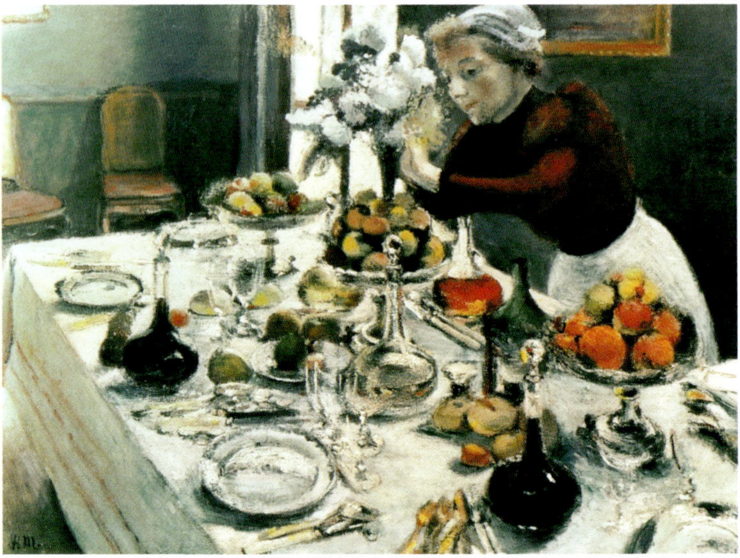

La Desserte, 1897, huile sur toile, 100 x 131 cm. Collection privée.

la matière, la profondeur dans l'espace et la richesse dans le détail. » Maîtrise des couleurs et maîtrise des points de vue à la Degas se conjuguent pour faire de cette toile une œuvre particulièrement révolutionnaire.

Desserte, harmonie rouge (La)

Version « fauve » de *La Desserte** de 1897, *La Desserte, harmonie rouge* revisite son intimité, en la simplifiant, et met l'accent sur l'intensité de la couleur. Si les deux compositions sont à peu près similaires, l'attention portée aux détails et aux objets dans la première s'est déplacée sur les arabesques formant le décor du mur et de la nappe dans la seconde. Ainsi, le naturalisme a cédé la place à la violence des contrastes et à l'abstraction des formes. En même temps, l'espace a perdu de sa profondeur et tend vers une bidimensionnalité qui ne cessera de s'affirmer dans l'œuvre de l'artiste. Rattrapée par l'ovale de *La Danse** et presque totalement écartée dans *La Musique**, cette tridimensionnalité, inhérente au réalisme, est mise en péril par l'artiste pour justifier la présence, irréelle, du rouge. Devenant papier peint et nappe, l'ombre rouge avec ses motifs bleus et verts peut recouvrir en partie la toile et satisfaire ainsi la volonté décorative de Matisse. Cette prise de possession de la toile par la couleur va s'affirmer de plus en plus pour s'épanouir dans un geste ultime qui poussera l'artiste à tailler ses peintures comme on taille des tissus*. En même temps, *La Desserte, harmonie rouge* conserve la notion de lignes de fuite qui induisent la perspective mais qui, signifiées par leur tracé, en accentuent le caractère abstrait. Tout n'est que va-et-vient entre expression et suggestion, réalisme et abstraction. Lieu de contradictions, la toile, incandescente, tient dans le jeu des formes mis en place par Henri Matisse pour en garantir l'unité.

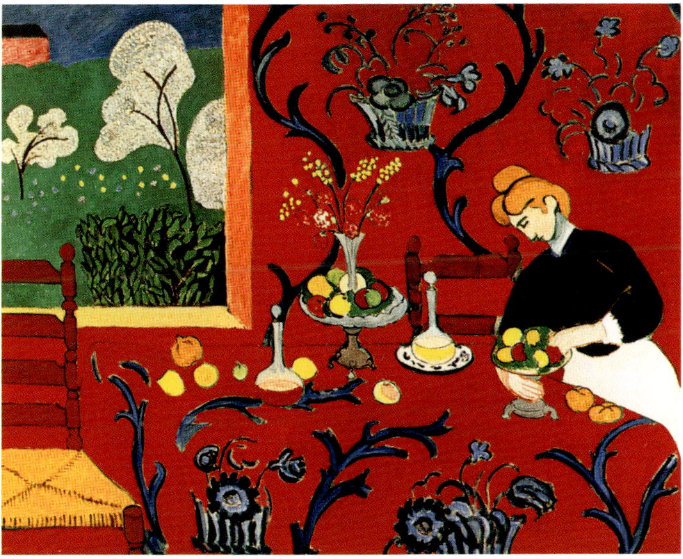

La Desserte, harmonie rouge, 1908, huile sur toile, 180 x 220 cm. Saint-Pétersbourg, musée de l'Ermitage.

ENFANCE
Entre grisaille nordique et tradition flamande

Fils d'Émile-Hippolyte-Henri Matisse* et d'Anna-Héloïse Gérard, Henri Matisse passe son enfance à quinze kilomètres du Cateau-Cambrésis, à Bohain-en-Vermandois. Réputée pour ses luxueux tissus*, la ville de Bohain n'en est pas moins un important foyer de production de betterave sucrière. S'il grandit dans cette grisaille caractéristique du nord de la France, marqué par le froid et la misère, Matisse assiste aussi à l'industrialisation naissante, stimulée par le développement croissant du dispositif ferroviaire de la fin du XIXe siècle. De Bohain à Saint-Quentin, ce qui constituait une réalité rurale se trouve bouleversé par l'ampleur de la modernité. Cependant, la plupart de ses souvenirs d'enfance sont liés à la nature, au chant des oiseaux ou encore au vieux chêne brûlé du château de Bohain, qui nourrit les contes et légendes de la région. Autre élément constitutif de son imaginaire, instigateur de son attirance pour les métiers de clown, d'acrobate ou de comédien, le théâtre de la rue. C'est là qu'il observe la vie, c'est là qu'il écoute ses rumeurs lorsque les Picards, l'été venu, sortent leurs chaises et se racontent. Doublée d'un sens aigu de l'honneur, l'éducation nationaliste et catholique qu'il reçoit porte en réalité la marque de l'amertume, inspirée par l'occupation prussienne. Transmise par son père avec la rudesse propre aux gens du Nord, elle présage de sa ténacité mais aussi de la fierté avec laquelle Matisse gardera toujours la conscience de ses origines picardes. Reflet d'une sensibilité particulière, d'une volonté d'insoumission ou simple fragilité physiologique, les crises de colites à répétition, qui disparaîtront à son départ de Saint-Quentin, le contraignent souvent à s'aliter.

EXPÉRIMENTATIONS

Son premier voyage en Bretagne lui ayant ouvert d'autres horizons que la platitude des paysages du nord, Matisse reste tout d'abord fidèle à son amour de Chardin (1699-1779) et aux tons grisâtres de la palette flamande. Puis en 1896, au cours de son second séjour à Belle-Île, il recopie pour s'en imprégner deux poèmes des *Fleurs du mal* de Baudelaire (1821-1867), inspiratrices quelques années plus tard de son *Luxe, calme et volupté**. Hymne à la gloire des peintres qui ont fait l'histoire de la peinture, comme Léonard de Vinci (1452-1519), Rembrandt (1606-1669) ou Goya (1746-1828), le poème *Les Phares* concorde parfaitement avec la nature classique de son apprentissage*, tandis que *L'Idéal* révèle la même méfiance à l'égard de l'art officiel. C'est ce même été que le caractère exalté de John Russell* comme de sa peinture incite Matisse à expérimenter d'autres motifs, tel celui de la porte ouverte qui le conduira à celui de la fenêtre*. Guidé par une approche impressionniste de la lumière, il poursuit son travail sur le paysage et la nature morte*. Mais l'accueil fait à son nouveau style n'est guère enthousiaste et *La Desserte**, présentée au Salon de 1897, ne trouve grâce qu'aux yeux de Gustave Moreau*. Son obstination dans cette voie suscite l'incompréhension générale et ses toiles deviennent invendables. Un troisième été passé à Belle-Île ne résout aucun problème, et les insomnies commencent à faire leur apparition. Puis le séjour en Corse provoque l'éblouissement de Matisse face à la lumière méditerranéenne. En compagnie d'Amélie*, il s'installe dans la baie d'Ajaccio, qui devient vite une retraite idéale. Le peintre est séduit par la simplicité du peuple corse et le caractère exotique de la végétation. Les palmiers, figuiers et autres plantes grasses ont un parfum d'Orient* qui le fait rêver. Plus qu'un cadre de travail, la Corse lui offre un univers d'évasion, libérateur de son instinct créateur. Ainsi s'ouvre la voie de l'exaltation de la couleur qui va le mener quelques années plus tard vers le fauvisme*. Cependant, la plupart des toiles qu'il réalise au cours de son séjour représentent sa chambre, son atelier ou bien encore des natures mortes, et sont toujours dédiées à l'art de Monet (1840-1926). De plus en plus démuni, Matisse intègre en 1900 l'académie

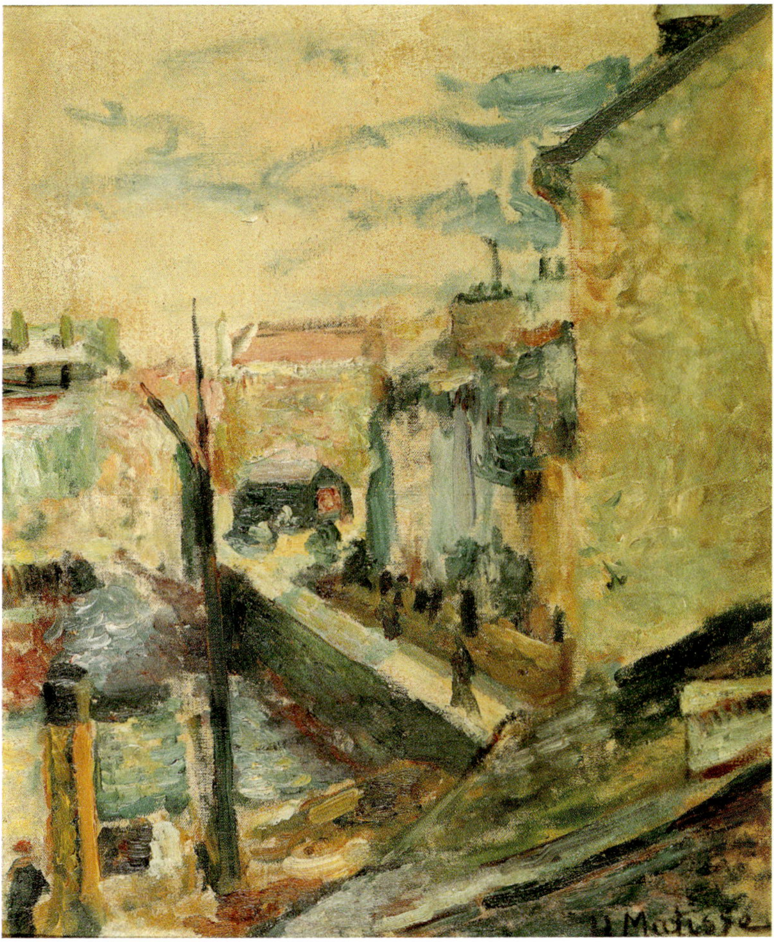

Belle-Île, huile sur toile, 1896-1897. Bordeaux, musée des Beaux-Arts.

Carrière. Exerçant la fonction de massier, il peut en suivre les cours gratuitement. Encouragé par le libéralisme d'Eugène Carrière (1849-1906) et l'aspect novateur de son enseignement, il expérimente variations sur la couleur et déformations en tous genres. C'est à la même époque qu'il copie les sculptures* de Barye (1796-1875), avant de faire la connaissance de Bourdelle (1861-1929). Ces diverses expérimentations se concluent par le Salon des indépendants de 1901, où il est le seul artiste à utiliser la couleur pure. Sa participation au nouveau salon à la mode et la régularité de ses expositions chez Berthe Weill l'imposent peu à peu comme le chef de file de la nouvelle génération. Parallèlement, il s'applique de plus en plus à trouver dans l'harmonie colorée un équivalent plastique à la représentation de la lumière, mais des problèmes familiaux ralentissent ses tentatives.

FAUVISME
Une orgie de tons purs

Guidé par une nouvelle expérience de la lumière issue de son séjour à Collioure en compagnie de Derain*, Matisse se lance à corps perdu dans l'exaltation de la couleur pure. Fidèle au divisionnisme de Paul Signac* (1863-1935), il continue à procéder par petites touches mais il leur confie désormais l'équilibre de la toile, comme un musicien confie aux notes l'harmonie d'un accord. Le tableau n'est plus le résultat d'une simple captation de la lumière au travers de la couleur mais il devient celui qui l'a produit. Autrement dit, le tableau est la lumière. Devenant ses éléments constitutifs et structurels, les couleurs fonctionnent comme des vecteurs d'énergie qui nous permettent de recréer notre image. La toile devient un lieu où notre regard et celui du peintre peuvent se rencontrer. À son retour de Collioure, il reste à Matisse un autre problème à résoudre : transposer dans le portrait* la puissance de sa construction chromatique. Incarnées par Amélie*, *La Femme au chapeau** et *La Raie verte** deviennent les portraits symptomatiques de cette nouvelle esthétique. Entraînant dans leur sillage d'autres élèves des Beaux-Arts comme Marquet*, Camoin* et Manguin*, Matisse et Derain – les « Matisse » comme les surnomme le peintre Maurice Denis (1870-1943) – exposent leurs toiles au Salon d'automne de 1905. Irrité par la violence des couleurs et la stylisation des formes, le critique Louis Vauxcelles écrit dans le supplément de *Gil Blas* du 17 octobre, au sujet des deux petites sculptures d'Albert Marque présentes au salon : « La candeur de ces bustes surprend au milieu de l'orgie des tons purs : Donatello chez les fauves [...]. » C'est ainsi que fut adopté le terme de « fauvisme » pour désigner un groupe d'artistes, héritiers de l'impressionnisme*, mais désireux de retrouver une adéquation entre expression et décoration. Prônant l'utilisation de la couleur pure, ils veulent revenir à des moyens picturaux considérés pour eux-mêmes. Maurice de Vlaminck (1876-1958), qui a rencontré Matisse en 1901, fait partie du groupe, tout comme Raoul Dufy (1877-1953) et Othon Friesz (1879-1949) qui, la même année, ont découvert ses œuvres. Quant à Matisse, il cherche toujours à s'affranchir de l'impressionnisme pour dégager une synthèse propre. Véritable manifeste de l'expérience fauve, *La Joie de vivre**, qu'il peint peu après pour le Salon des indépendants de 1906, le libérera également du néo-impressionnisme*.

Louis Vauxcelles vers 1920.

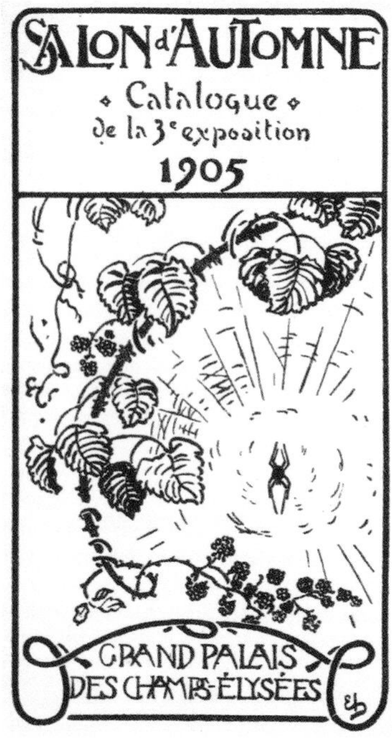

Couverture du catalogue du Salon d'automne, 1905.

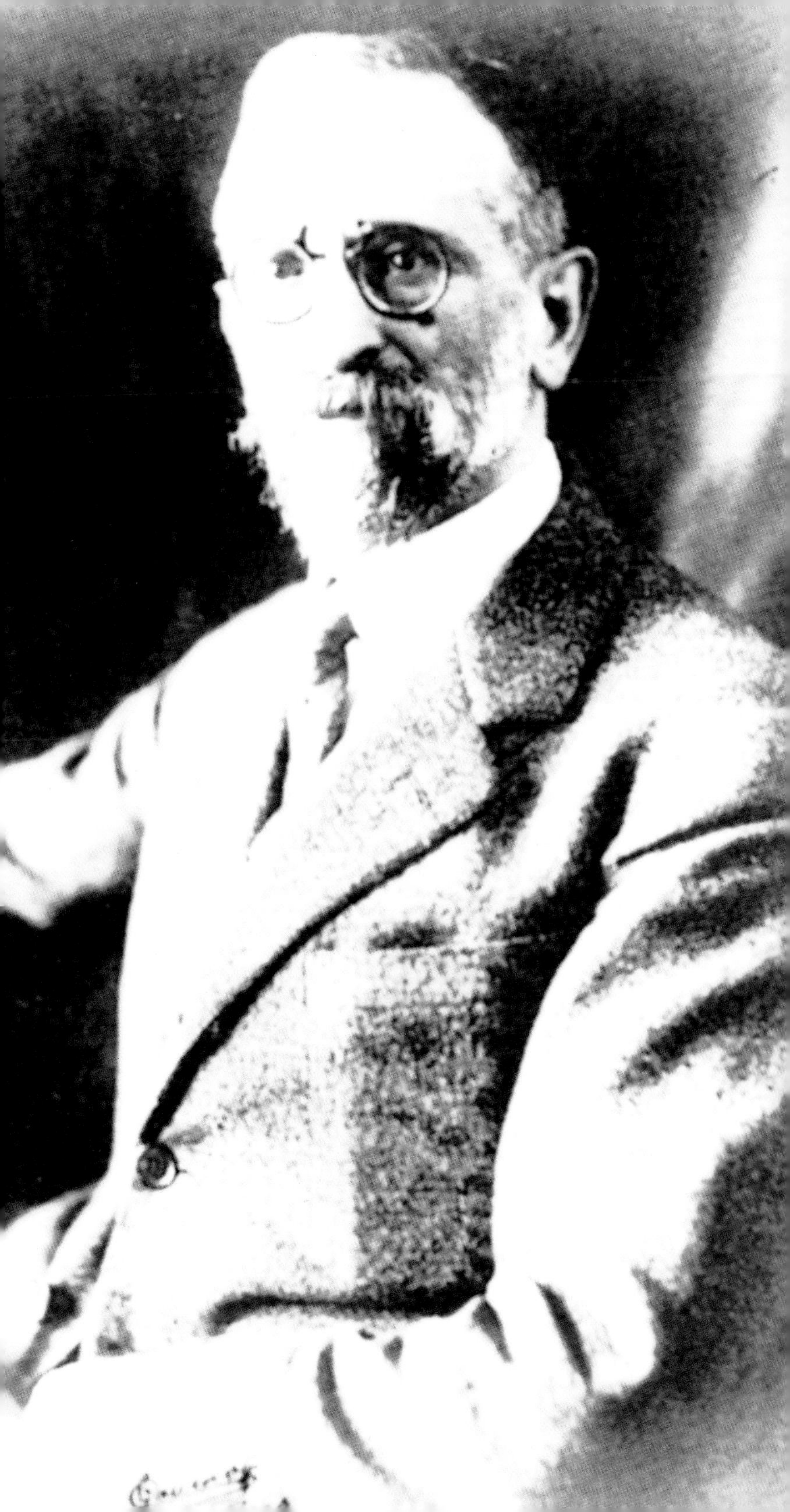

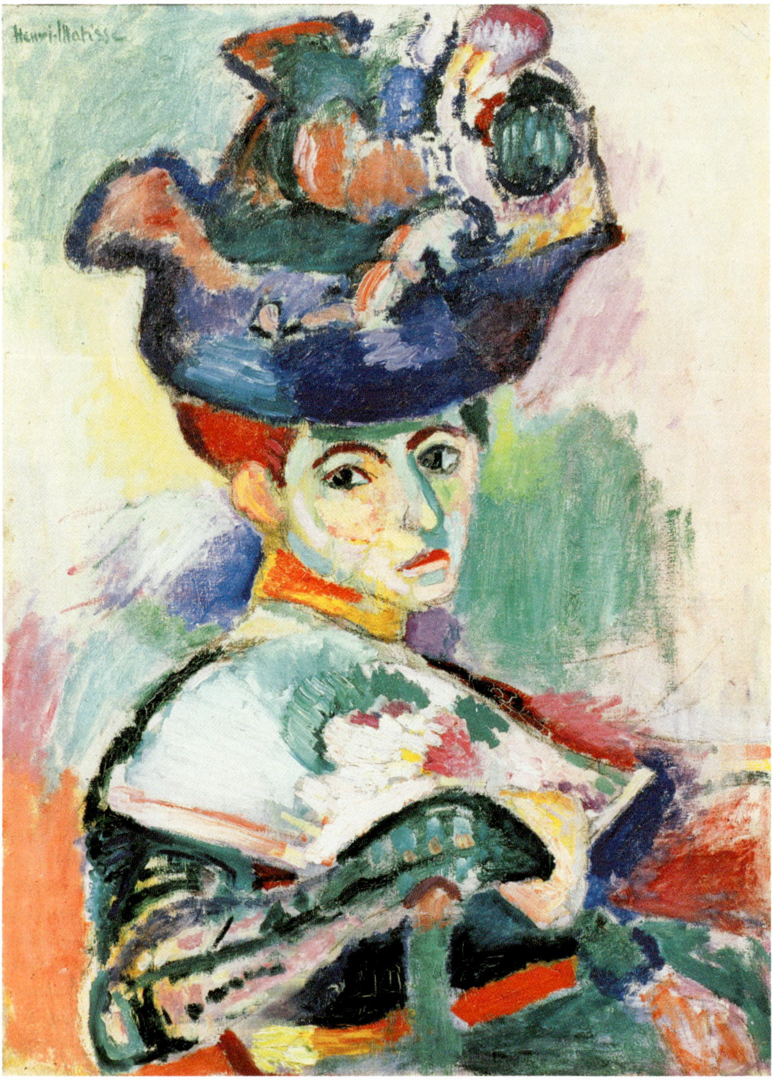

La Femme au chapeau, 1905, huile sur toile, 80,6 x 59,7 cm. San Francisco, Museum of Art.

Femme au chapeau (La)

À son retour de Collioure en 1905, Matisse décide de transposer son sentiment de la couleur dans l'art noble du portrait* et fait de Madame Matisse une œuvre littéralement incendiée par la violence de la couleur, intitulée *La Femme au chapeau*. Développant une grande liberté du geste comme de la facture, l'artiste accentue le caractère contrasté de l'harmonie colorée et obtient ainsi une expression d'une vigueur extrême. Lieu privilégié de ces contrastes colorés et tactiles, le chapeau de Madame Matisse est une interrogation permanente sur le volume et renvoie sans cesse à la touche et au bleu de Van Gogh (1853-1890). Accessoire esthétique de la toile qui en devient la citation, ce chapeau constitue un véritable motif baroque, se jouant de l'académisme austère des portraits exposés dans les salons officiels parisiens. Prise

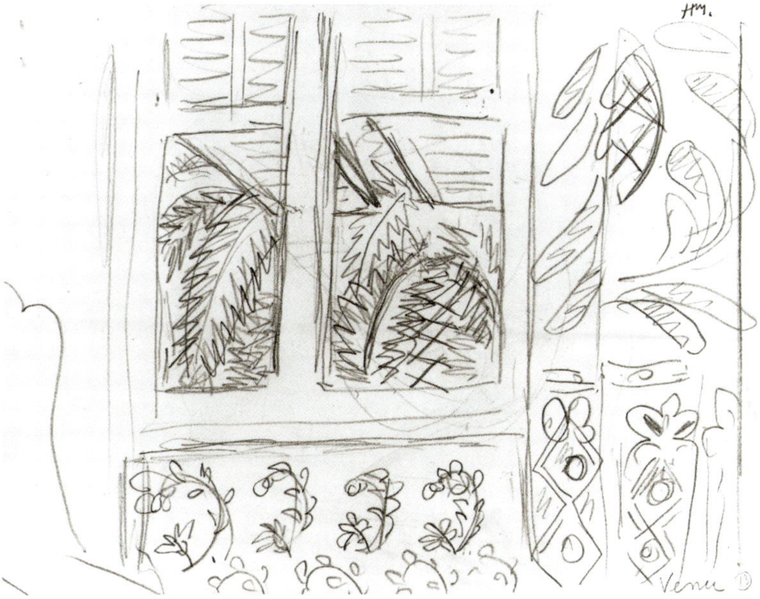

Fenêtre, rideau égyptien, 1947, crayon, New York, Wally Findlay Galleries.

de plein fouet par la critique, agressée par la violence de ses couleurs saturées et la désinvolture de son métier, qui rompent audacieusement avec la tradition du réalisme, *La Femme au chapeau* s'éloigne tout autant de l'impressionnisme*. Signifiant les limites mêmes de l'art de Renoir (1841-1919) et de ses amis, Matisse met à bas le portrait dans son statut bourgeois et fait de la peinture le sujet proprement dit de son tableau. Au cœur du scandale du Salon d'automne, cette toile consacre bientôt le talent de Matisse. Le collectionneur* Leo Stein, qui trouvait que ce portrait était « le barbouillage le plus laid qu'il ait jamais vu », finit par l'acheter le dernier jour du salon. Sauvé de la misère, Matisse devient tout d'un coup trop cher pour un jeune marchand* comme Daniel-Henry Kahnweiler, qui ne peut se contenter que d'un Picasso*.

Fenêtres

C'est dans *La Porte ouverte, Bretagne*, peinte à Kervilahouen au cours de l'été 1896, qu'apparaît le thème de la porte. Prétexte à une réflexion sur l'espace qui débouche sur une étude de la lumière, cette toile, annonciatrice des fenêtres matissiennes et ne répondant à aucun genre pictural traditionnel, est emblématique de son œuvre. Pierre Schneider dit à ce propos : « *La Porte ouverte* symbolise, des années à l'avance, l'ambition de son art : assumer la dualité et restaurer l'unité. » Si, de 1900 à 1905, il réalise de nombreuses vues du quai Saint-Michel, ce n'est pas en s'asseyant comme le faisaient les impressionnistes au bord de la Seine, mais c'est à partir de la fenêtre de son atelier*. Matisse, lui, ne cherche pas à confondre notre regard avec le paysage, mais il structure son sujet en fonction des lignes et des limites de sa fenêtre. En contraignant ainsi sa lecture du paysage, il redonne à la représentation sa valeur de peinture matière. En 1905, à Collioure, la lumière méditerranéenne lui fait redécouvrir le paysage et la

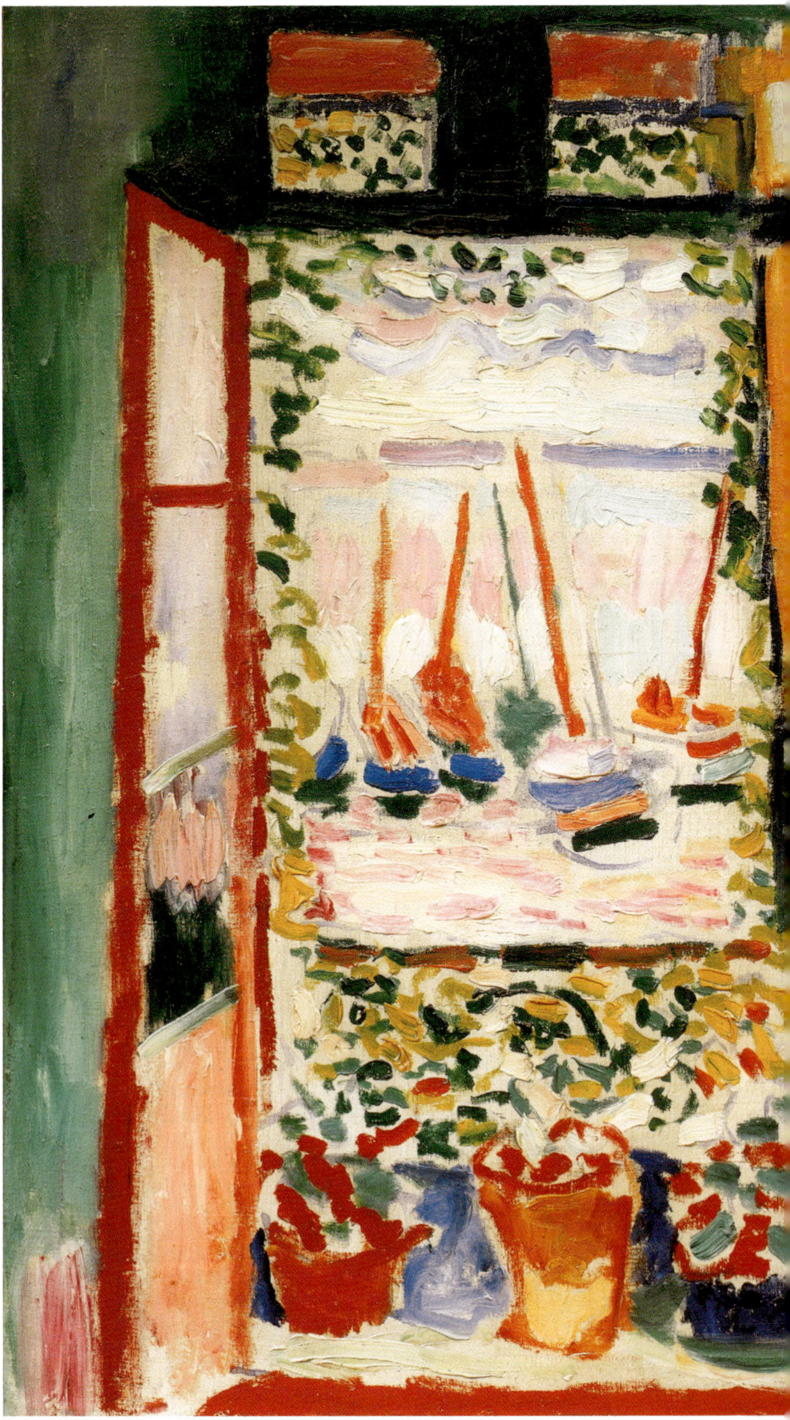

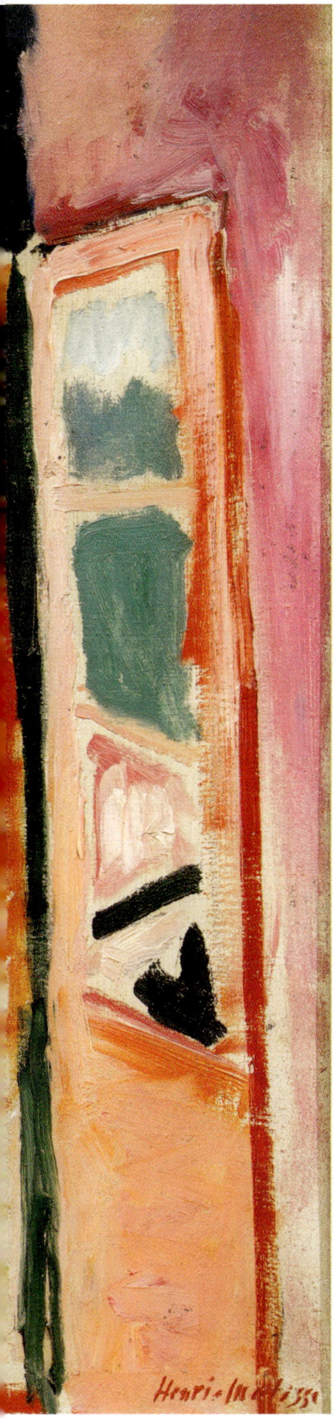

La Fenêtre ouverte,
été 1905,
huile sur toile,
55,2 x 46 cm.
Washington,
National
Gallery of Art.

couleur. Alors, il reconstruit le paysage, le laisse pénétrer dans sa chambre et l'encadre dans l'ouverture de la fenêtre. Les fenêtres de Matisse suppriment donc le caractère illusoire des fenêtres héritées de la Renaissance et initiatrices de la perspective. « Ce qu'on voit à travers la fenêtre, explique encore Pierre Schneider, est un tableau plan. » Ainsi, dans *La Fenêtre ouverte,* le port de Collioure cesse d'être un port pour devenir un tableau. Mais la fenêtre représente aussi le moment où le peintre transcende le néo-impressionnisme* pour s'engager sur la voie du fauvisme*. En 1914, *La Porte-Fenêtre à Collioure* ouvre sur du noir comme la guerre ouvre sur le drame. Le minimalisme a pris le pas sur le cubisme*. Flanqué d'un pan de couleur bleue et d'un pan de couleur verte, lointaine évocation de la nature, le noir béant, central et majestueux, suggère un monde inconnu où règne le néant. Impénétrable et infini en même temps, le noir semble incarner une lutte entre l'imagination créatrice et la difficulté de peindre, mais il s'impose avant tout comme une couleur. Le noir, dans sa matité, déchire la lumière en même temps qu'il en est l'incarnation. Interrogation sur la peinture, *La Porte-Fenêtre à Collioure* en devient l'exaltation. *Le Violoniste à la fenêtre,* peint en 1917-1918, illustre ce thème de la fenêtre avec autant de puissance dans l'expression. De la même façon qu'il donnait une leçon* de peinture dans *La Leçon de piano,* Matisse figure un violoniste jouant du violon comme un peintre manie le pinceau devant un tableau. Métaphore de la peinture, la présence du violon sert aussi à identifier le peintre et le relie à la fenêtre qui fait figure de tableau. Mais encore une fois, c'est elle qui distribue les lignes, les couleurs et la lumière, qui en assure l'équilibre et l'unité, et qui les ramène à la surface de la toile. En définitive, comme l'image du tableau n'a que l'étendue de la toile, l'espace de Matisse a l'étendue de son imagination.

Figure décorative sur fond ornemental

L'observation aiguë des sculptures* de Michel-Ange (1475-1564), à partir de 1918, débouche sur une série de nus allongés, magistralement mués dès 1922 en odalisques sensuelles et langoureuses, telle l'*Odalisque à la culotte rouge**. À partir de 1924, certains torses se relèvent, les jambes achèvent de se replier et les corps dans leur nudité s'assoient dans un espace qui flirte encore avec la réalité. Mais avec *Figure décorative sur fond ornemental*, Matisse entend rompre avec la théâtralité de leur réalisme et installer plus ou moins confortablement son nu dans la peinture. Sa religion du décoratif, déclarée avec force en 1907 avec *La Desserte, harmonie rouge**, resurgit avec une telle conviction qu'elle en devient violente et presque menaçante. Plantée dans un espace où la troisième dimension a volontairement été tronquée par une absence de verticales et une confusion de la profondeur, une femme nue est assise à même le sol sur un plancher parsemé de tapis. Les murs, les tapis, l'espace, tous sont envahis de motifs ou d'objets totalement hétérogènes. Le nu frappe par une simplification extrême des volumes, qui contraste avec cette surenchère décorative.

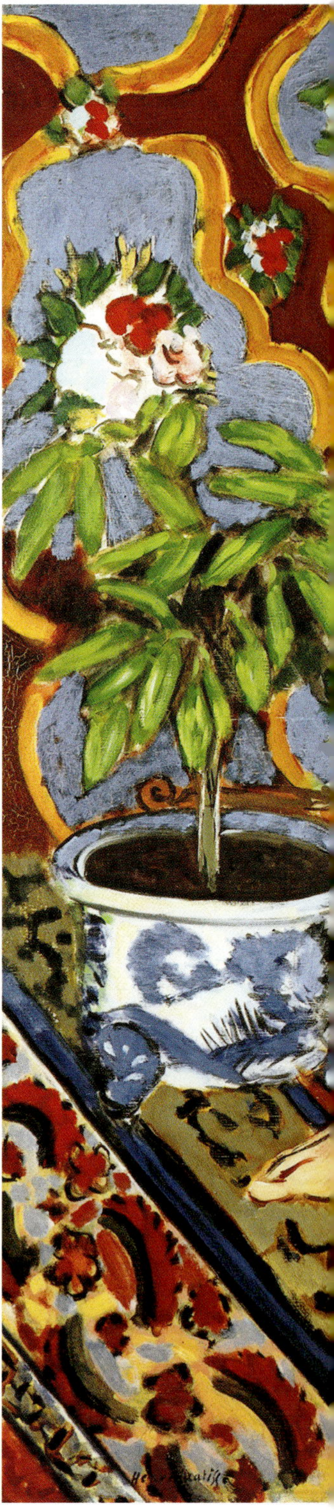

Figure décorative sur fond ornemental, 1925-1926, huile sur toile, 130 x 98 cm. Paris, Musée national d'art moderne.

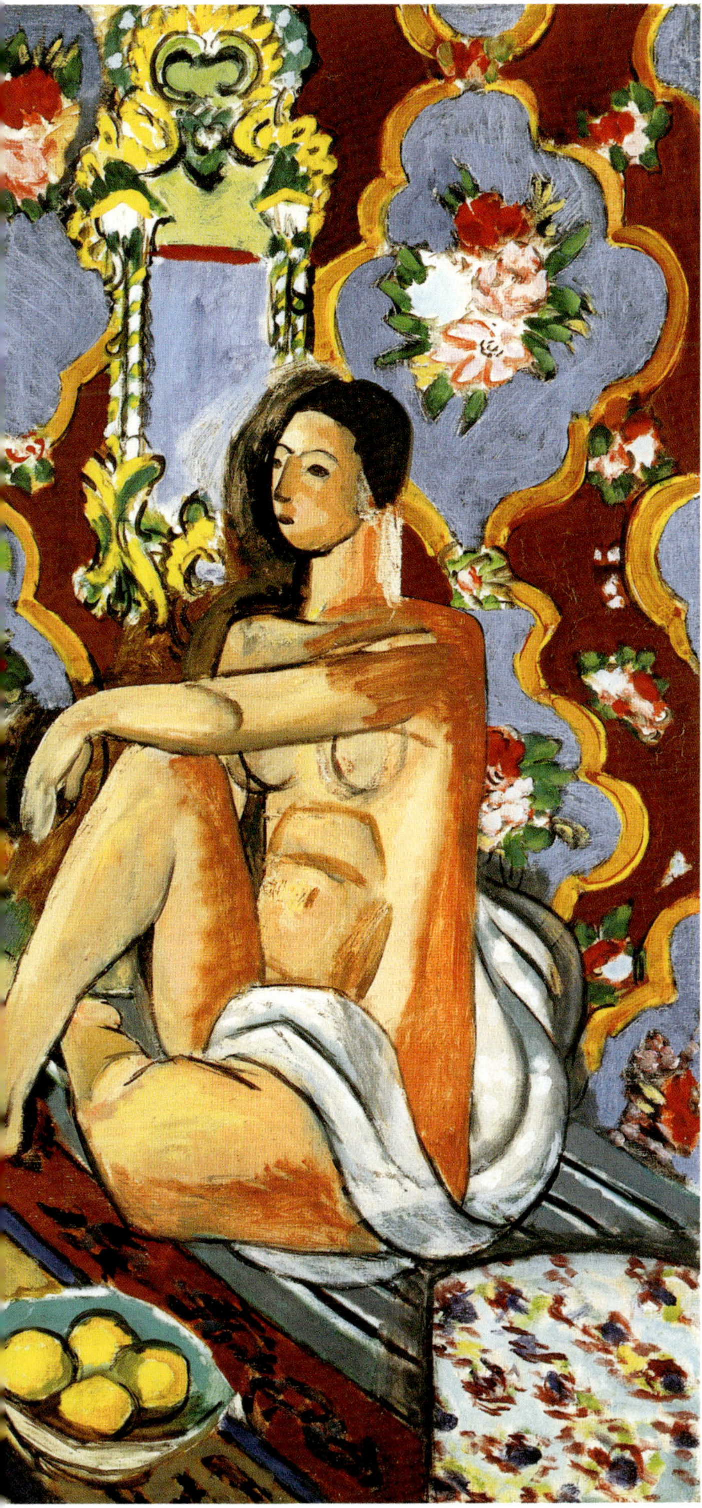

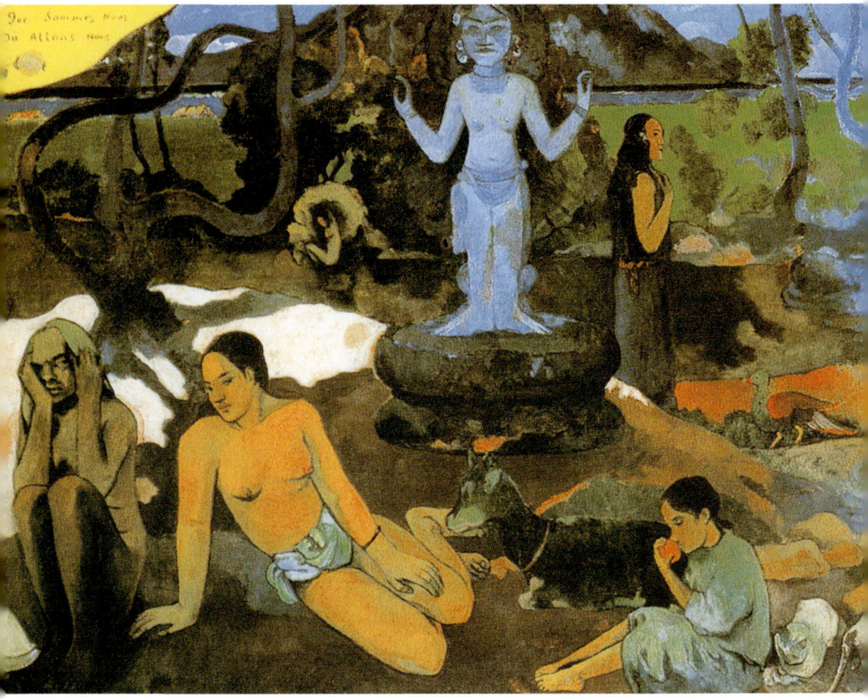

Au papier peint, elle a cependant emprunté les courbes timides qui animent la froideur de sa nudité encore palpable. Mais en la déclarant « décorative », Matisse insiste sur le fait que cette figure de nu sera la dernière actrice de son espace pictural à trois dimensions, avant qu'il ne dissolve son théâtre décoratif dans le champ de l'abstraction.

Gauguin (Paul)

Né à Paris, Paul Gauguin (1848-1903) passe une grande partie de son enfance à Lima, au Pérou, puis revient en France à l'âge de neuf ans et poursuit des études jusqu'à ses dix-huit ans. Après un séjour de trois ans dans la Marine nationale, il est engagé dans une banque, mais il commence vivement à s'intéresser à la peinture. Regardant les œuvres des grands maîtres du XIXe siècle, comme Delacroix (1798-1863) et Courbet (1819-1877), c'est surtout au contact de Pissarro* qu'il fait son apprentissage, et c'est à ses côtés qu'il expose en 1879 pour la première fois. En 1883, il décide d'abandonner sa carrière bancaire pour se consacrer entièrement à sa passion et entame, dès 1886, la série des voyages en Bretagne. Mais c'est au cours d'un séjour en Martinique qu'il découvre la couleur pure. Il adopte alors un principe dérivé de la complémentarité des couleurs, chère aux impressionnistes, et dispose par exemple du jaune à côté du bleu au lieu d'utiliser de l'orange. Peu à peu, sa touche colorée revêt la forme de grands aplats, repris au début du XXe siècle par de jeunes artistes tels que Matisse. Après l'épisode macabre qui le lie dans le Midi à Van Gogh (1853-1890), il perd tout

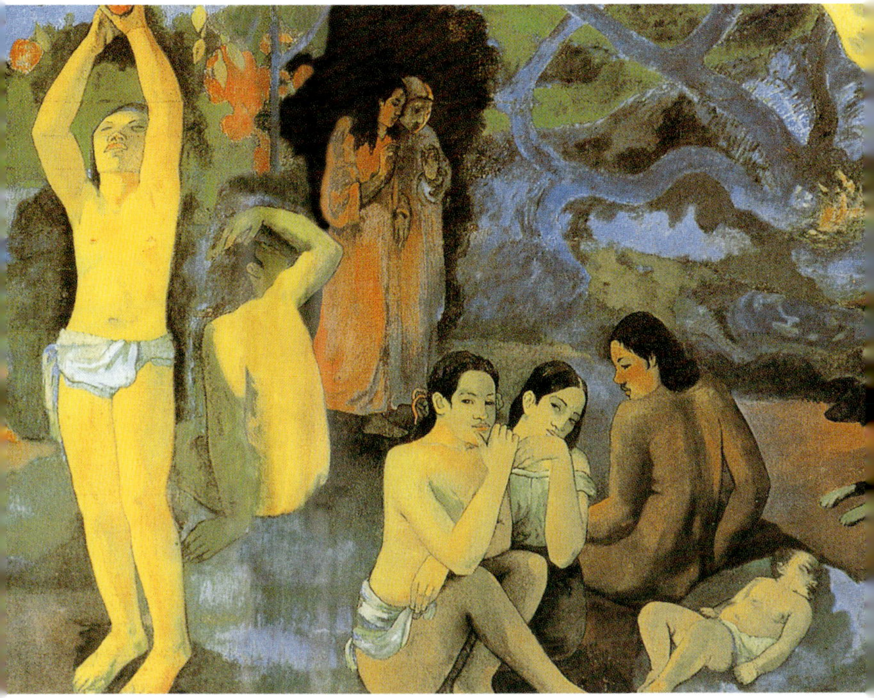

espoir d'initier une nouvelle école loin de l'académisme des Beaux-Arts et, délaissant femme et enfants, s'embarque en 1891 pour Tahiti à la recherche de l'atelier idéal. À son retour à Paris*, le style incantatoire de ses peintures exotiques est mal accueilli et le pousse à s'exiler définitivement. Proche dans ses lignes de l'esthétique symboliste dont il se rit pourtant, l'art de Gauguin se fait le miroir d'une angoisse grandissante, qui traduit sa solitude et la mesure de ses difficultés financières. Après une tentative de suicide qui l'entraîne à se retrancher davantage encore, il se réfugie en 1901 sur une petite île des Marquises, Hiva-Hoa, où il meurt dans l'incompréhension et l'indifférence générales. Peintre maudit, Gauguin exerce pourtant au même titre que Cézanne* ou Van Gogh une importance considérable dans la genèse de l'art moderne. Si les nabis se reconnaissent très tôt en lui, Degas (1834-1917) est le seul parmi les impressionnistes à apprécier son travail et à partager son goût du rythme et de l'harmonie colorée. Pendant longtemps, cédant aux règles d'un enseignement classique, Matisse fuit ses théories anticonformistes. Puis, en 1905, en rencontrant à Collioure le peintre Daniel de Monfreid (1856-1929), fidèle correspondant et agent de Gauguin, Matisse mesure la puissance émotionnelle de son travail de coloriste et comprend la portée spirituelle de sa peinture. Assimilant parfaitement sa volonté décorative reléguant toute recherche imitative, Matisse trouve dans l'art de Gauguin les armes pour se libérer du carcan néo-impressionniste.

Paul Gauguin, *D'où venons-nous ? Que sommes-nous ? Où allons-nous ?*, 1897, huile sur toile, 139 x 374,5 cm. Boston, Museum of Fine Arts.

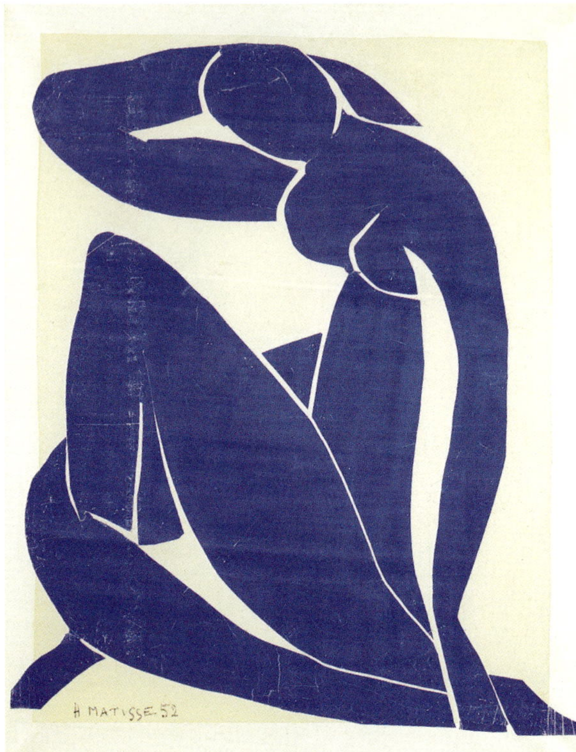

Nu bleu II, 1952, gouache sur papiers découpés et pastels, 116,2 x 81,9 cm. Paris, Musée national d'art moderne.

GOUACHES DÉCOUPÉES
Des peintures de lumière

C'est en élaborant *La Danse Merion** que Matisse met en place la technique des gouaches ou papiers découpés. Il reprend le même système pour décorer les couvertures de la revue *Verve*, éditée par Emmanuel Tériade, son ami. Mais ce dernier rêve d'un ouvrage entièrement dédié à l'art de Matisse. En 1943, le peintre, immobilisé dans son fauteuil roulant, réalise les premières gouaches découpées de *Jazz*. Incarnations de ses sentiments, de ses pensées, mais aussi de ses souffrances, l'album, d'inspiration nocturne, comporte un texte de l'artiste et vingt papiers découpés. Il ne sera édité qu'en septembre 1947. Poursuivant son attachement aux arts décoratifs, la technique des papiers découpés assure à Matisse un nouveau moyen d'expression qui catalyse toutes les techniques abordées au cours de sa carrière. L'utilisation des ciseaux lui permet de tailler dans la couleur, comme le sculpteur taille dans la pierre, et d'obtenir une forme dans laquelle s'opère la synthèse parfaite de la ligne du dessin et de la couleur. Ainsi, jusqu'à la fin de sa vie, Matisse réalise en découpant des gouaches de grandes compositions, qui se caractérisent par une luminosité particulièrement exceptionnelle. Guidé par ses souvenirs, il entreprend entre 1948 et 1952, deux séries d'inspiration cosmique intitulées *Océanie* et *Polynésie*. Mais ce sont les dernières gouaches qui disent le mieux l'étendue de son imagination. Sculptés dans le bleu de l'azur, les célèbres *Nus bleus* nous projettent dans l'infini et nous confirment, comme le dit si bien Georges Duthuit, que Matisse est « le tailleur de lumière ».

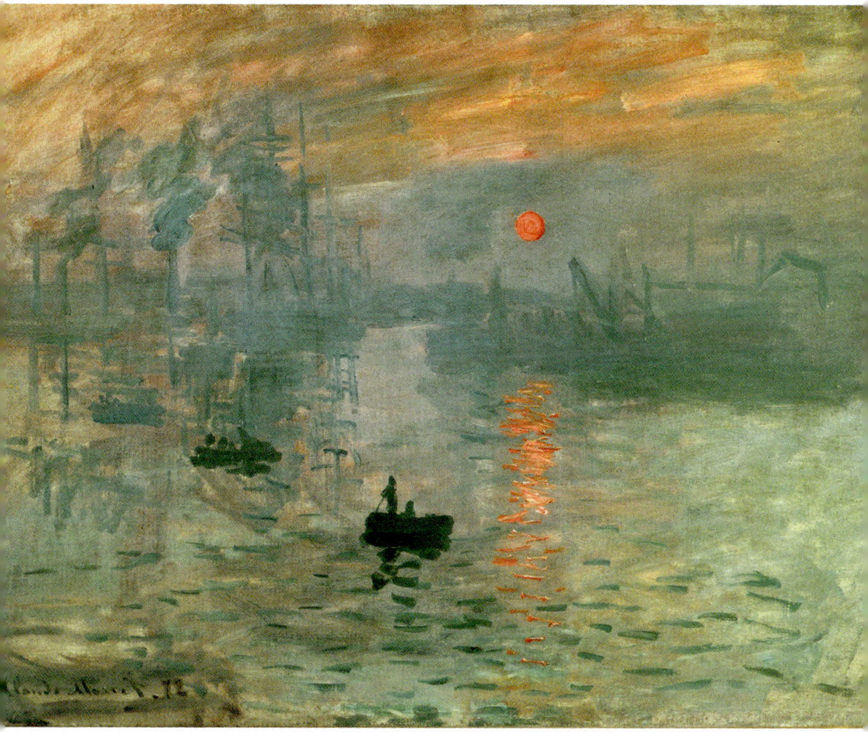

Impressionnisme

Une nouvelle perception de la peinture naît chez un groupe d'artistes fustigés par la critique et désireux de rompre avec les préceptes académiques de l'art officiel du XIXe siècle. Amorcée par la création du Salon des refusés en 1863, leur volonté de se tourner vers une peinture moins savante et plus sensuelle est cristallisée par la découverte, en 1866, d'un art populaire plein de promesses : le japonisme. Ces peintres proposent une autre forme de réalisme, fondé sur les effets éphémères de la lumière. Désormais, il ne s'agit plus de peindre par contrastes mais de restituer les différentes couleurs qui composent le spectre solaire. Saisir le reflet pour mieux se libérer des contraintes picturales établies, telle est la devise de la vague impressionniste qui s'expose pour la première fois en 1874 et qui tire son nom de la célèbre toile de Claude Monet intitulée *Impression, soleil levant*. En s'attachant à l'« impression », les impressionnistes entendent bien mettre l'accent sur la notion de subjectivité comme sur la notion de rapidité, puisqu'une « impression », en terme technique, désigne la première couche d'une peinture à l'huile. Témoins de leur temps, Monet (1840-1926), Renoir (1841-1919) ou Pissarro* travaillent le plus souvent en plein air et illustrent avec bonheur les plaisirs champêtres de la bourgeoisie parisienne tels qu'ils les « ressentent ». C'est en Bretagne que Matisse s'initie véritablement à l'art des impressionnistes et qu'il découvre la modernité de leurs problématiques. Illustration de sa maîtrise, *La Desserte** inscrit Matisse dans la pure lignée des coloristes.

Jean

Voir Matisse (Jean et Pierre).

Claude Monet, *Impression, soleil levant*, 1873, huile sur toile, 48 x 63 cm. Paris, musée Marmottan.

JOIE DE VIVRE (LA)

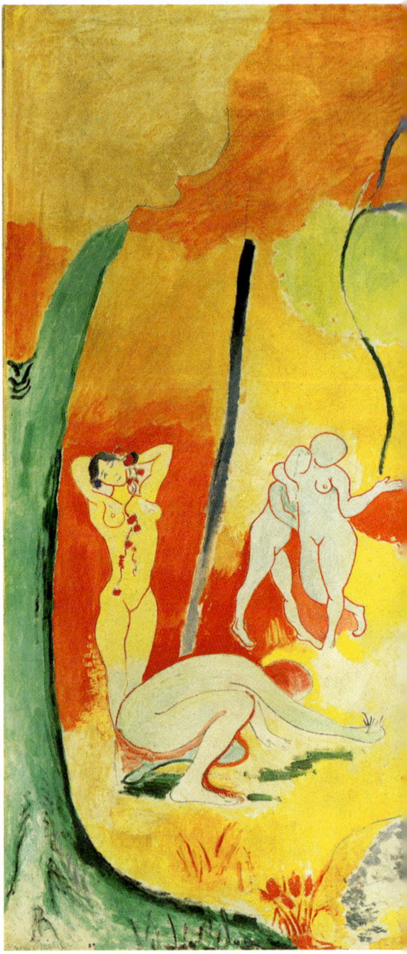

Peint à son retour de Collioure pour le Salon des indépendants de 1906, *La Joie de vivre*, qui souleva alors l'hilarité générale, cristallise la rupture de Matisse avec l'impressionnisme* et le néo-impressionnisme*. Cinq mois sont nécessaires à l'artiste pour réaliser cette toile pleine d'ambition, annonciatrice du rêve matissien. Comme pour *Luxe, calme et volupté**, la scène, d'apparence champêtre et musicale, emprunte son vocabulaire au symbolisme*. En réalité, le thème classique de la pastorale lui permet de réintroduire la présence de la figure humaine dans le paysage et de rechercher l'équivalence plastique de son mouvement. Ainsi, dans un ultime hommage à Puvis de Chavannes* (1824-1898), les courbes, au tracé appuyé, qui animent figures et paysage, rentrent dans une dialectique rythmique de la composition et en assurent la musicalité. Au réalisme que Courbet (1819-1877), Manet (1832-1883) ou Cézanne* lui ont enseigné, se substitue la linéarité du dessin qui renforce l'aspect décoratif, hérité de la pureté des tons sagement harmonisés. En remplaçant la forme par un signe, Matisse bouleverse les codes de la peinture et introduit un langage propre qui

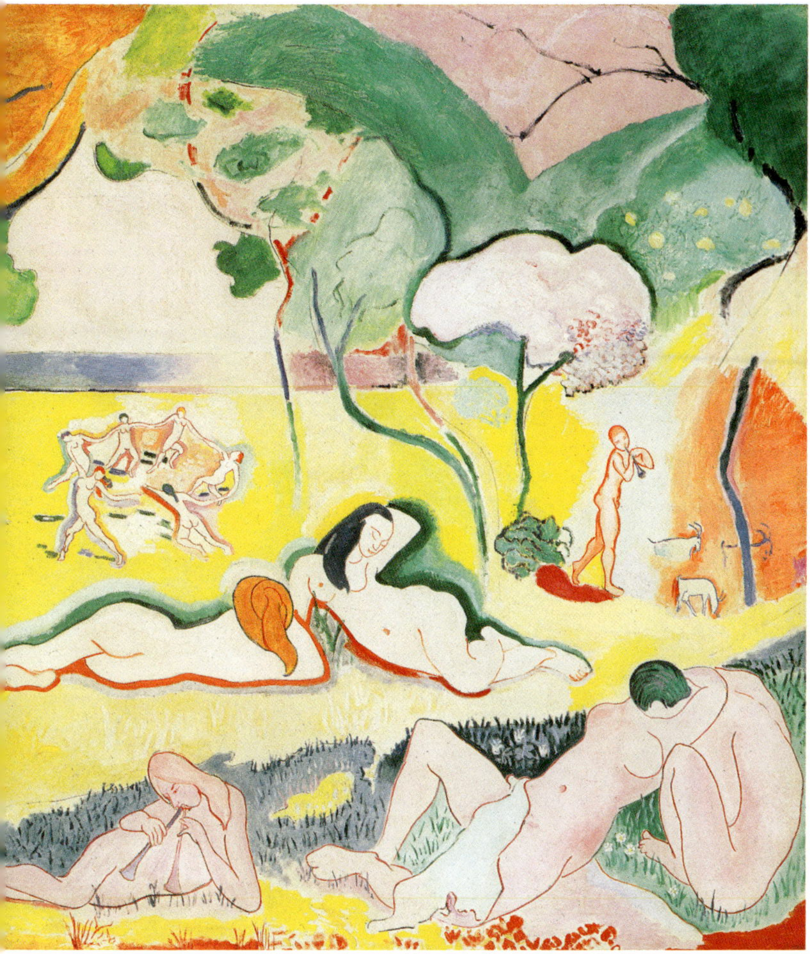

La Joie de vivre, 1905-1906, huile sur toile, 175 x 241 cm. Merion, The Barnes Foundation.

trouvera son accomplissement avec les gouaches découpées*. Transposant dans un univers paradisiaque les principes mis en place dans ses paysages de Collioure, l'artiste se joue du réel comme de l'abstraction et nous plonge dans le théâtre de sa contemplation. Allégorie arcadienne qui la place aussi dans la lignée de l'éclectisme, cette toile ouvre pourtant sur un monde nouveau où les femmes, dans la volupté de leur nudité, expriment l'« instant sentimental » du peintre. Ainsi, pour Pierre Schneider, « La Joie de vivre restaure, après plusieurs siècles de divorce, les liens de l'art européen et du sacré, c'est-à-dire de l'origine ». Encore prisonnière de sa signification iconographique, cette esthétique du bonheur se libèrera complètement en envahissant de ses motifs l'espace total de *La Danse**.

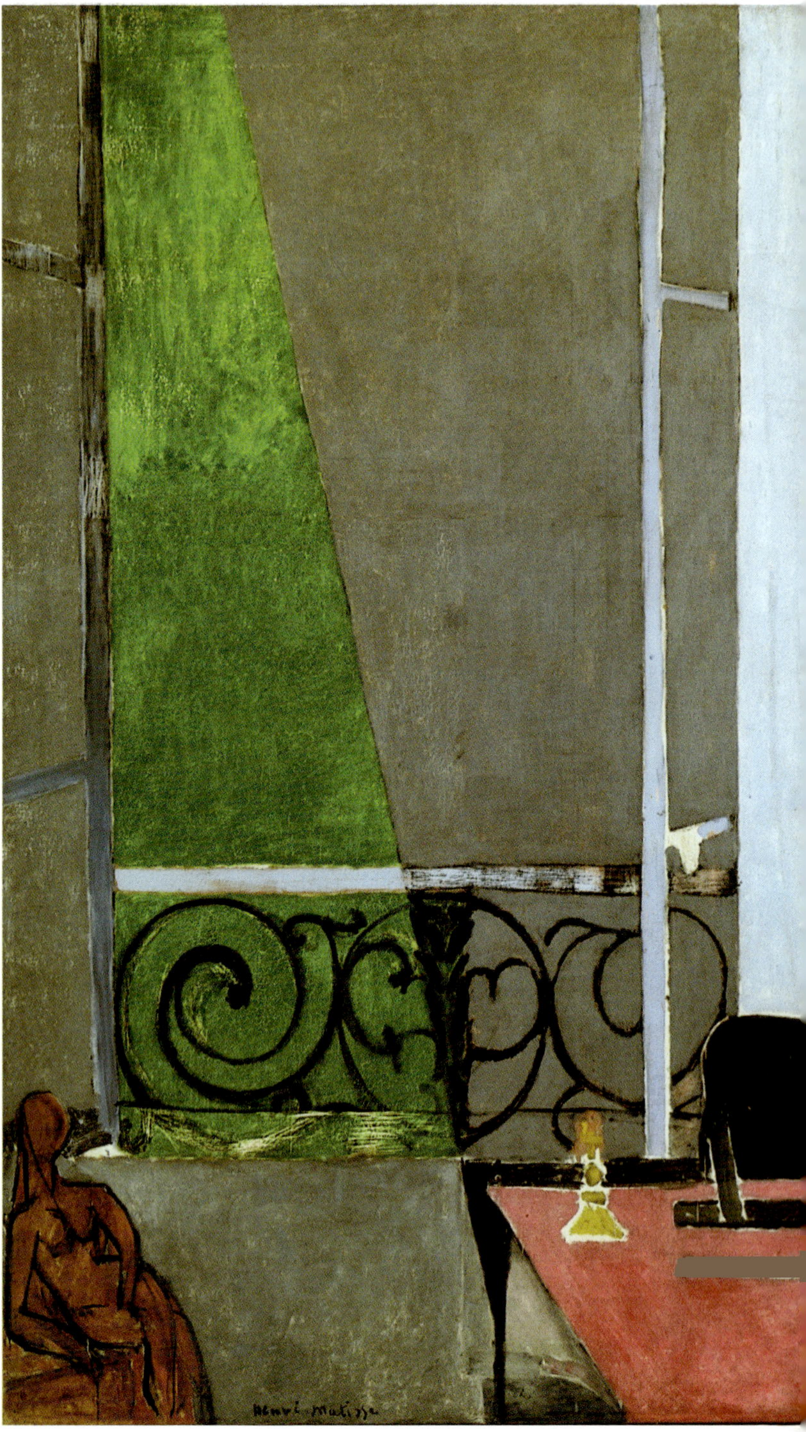
Henri Matisse

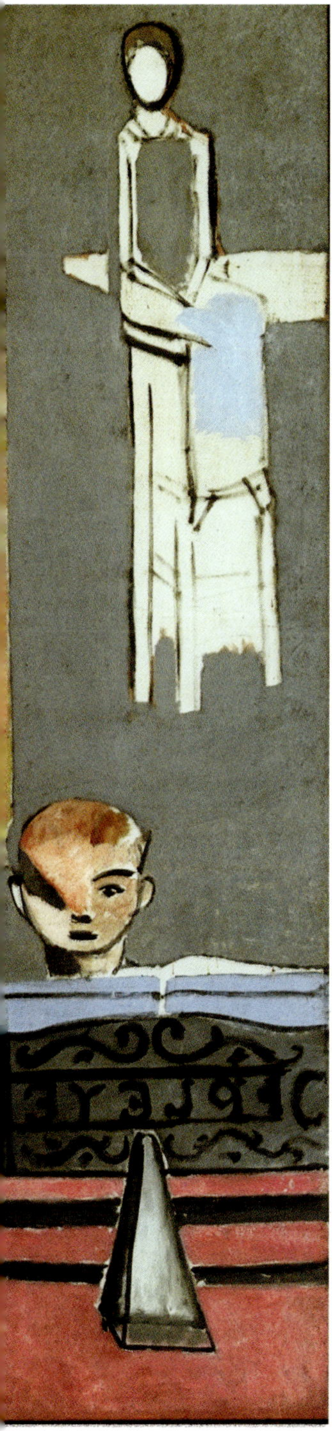

Leçons

Si *Le Peintre et son modèle** aurait pu s'intituler « La Leçon de peinture », *La Leçon de piano* et *La Leçon de musique* sont en réalité de véritables portraits* de famille, peints par l'artiste en 1916 et 1917, c'est-à-dire après une longue période pendant laquelle il effectue de nombreux séjours à l'étranger.

Si leçon il y a, c'est dans l'expression plastique qu'elle se trouve et dans la virtuosité qu'il y déploie pour exprimer les valeurs qu'il attache à la peinture. Dans *La Leçon de piano*, composition d'une grande maîtrise où le métronome donne le rythme comme il rythme le jeu du piano, les diagonales structurelles de la partie gauche et du visage de son fils Pierre* lui font écho et déclarent explicitement ce qui guide le peintre: l'équilibre et la mesure. L'artiste semble être parvenu à se libérer du cubisme* des années précédentes et à le transformer en une abstraction délicate, d'une simplicité harmonieuse, où l'emploi du gris joue véritablement le rôle d'unificateur. Matisse infligeait ces leçons à Pierre – dont on sait qu'il est devenu l'un des plus grands marchands* d'art moderne –, dans l'espoir qu'il devienne concertiste. En les immortalisant sur la toile et en accentuant le caractère instrumental de l'œuvre peinte, c'est semble-t-il cette nécessité d'apprendre et d'étudier que l'artiste met en lumière. Alors, cette « leçon de piano » pourrait bien être aussi une leçon de peinture. Car si la fenêtre s'ouvre sur un vide apparent, ce vide est bien peint et nous ramène tout simplement au geste du peintre. Dans *La Leçon de musique*, Matisse a représenté toute sa famille, comme pour

La Leçon de piano, 1916, huile sur toile, 245,1 x 212,7 cm. New York, The Museum of Modern Art.

compenser les années d'éloignement dont il explique qu'elles répondaient à ses désirs « d'égoïsme aristocratique ». Il a placé cette fois dans l'ouverture de la fenêtre* un jardin qui ne ferme plus l'espace mais dans lequel il a disposé un élément important dans l'évolution de son travail : la sculpture* du *Nu couché I (Aurore)*, à l'origine du *Nu bleu, souvenir de Biskra**. Le sentiment qui se dégage de cette peinture est serein et paisible. La famille du peintre semble baigner dans le bonheur. Matisse n'est pas très loin, il a posé son violon sur le piano.

Liseuse sur fond noir

C'est au cours du mois d'août 1939 que Matisse réalise *Liseuse sur fond noir*, c'est-à-dire dans les mêmes circonstances dramatiques que *La Porte-Fenêtre à Collioure*, peinte en 1914 et représentant une fenêtre* ouverte sur la profondeur du noir. Là aussi, c'est le noir qui fait figure de lumière. Véritable toile de fond, le noir est cependant animé par des éléments évocateurs de l'œuvre de l'artiste ou de son inspiration. D'ailleurs, quarante ans après la première *Liseuse*, Lydia a remplacé Camille* et prolonge ainsi la réflexion de Matisse. Elle accompagnera l'artiste jusqu'à la fin de sa vie. Accoudée à la table, elle occupe l'angle inférieur gauche et détourne l'œil du bouquet de fleurs central, créant un va-et-vient perpétuel. Le cadre jaune du miroir et la table rééquilibrent la composition en contrebalançant la diagonale qu'ils induisent. Le noir, en même temps qu'il contraste avec la présence des couleurs primaires, unifie l'ensemble. Liberté entière est donnée à la couleur, qui parfois dépasse les

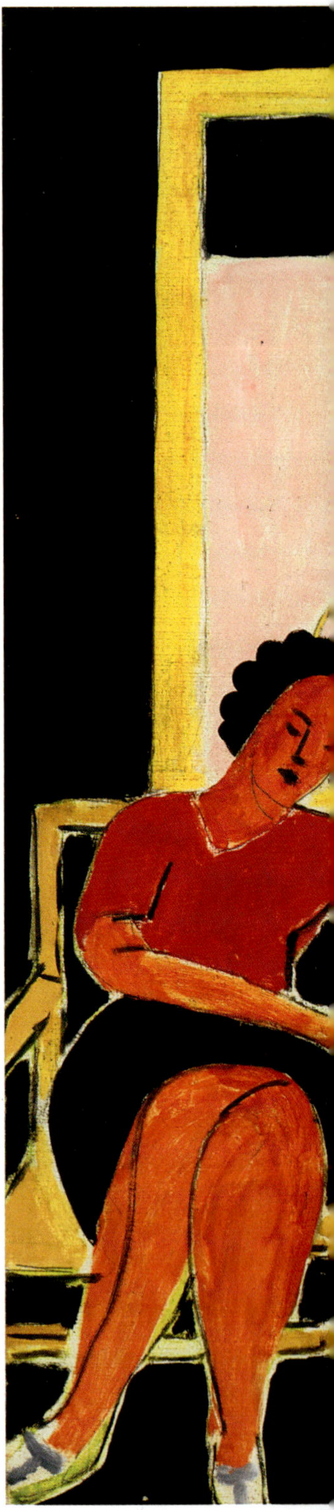

Liseuse sur fond noir, août 1939, huile sur toile, 92 x 73,5 cm. Paris, Musée national d'art moderne.

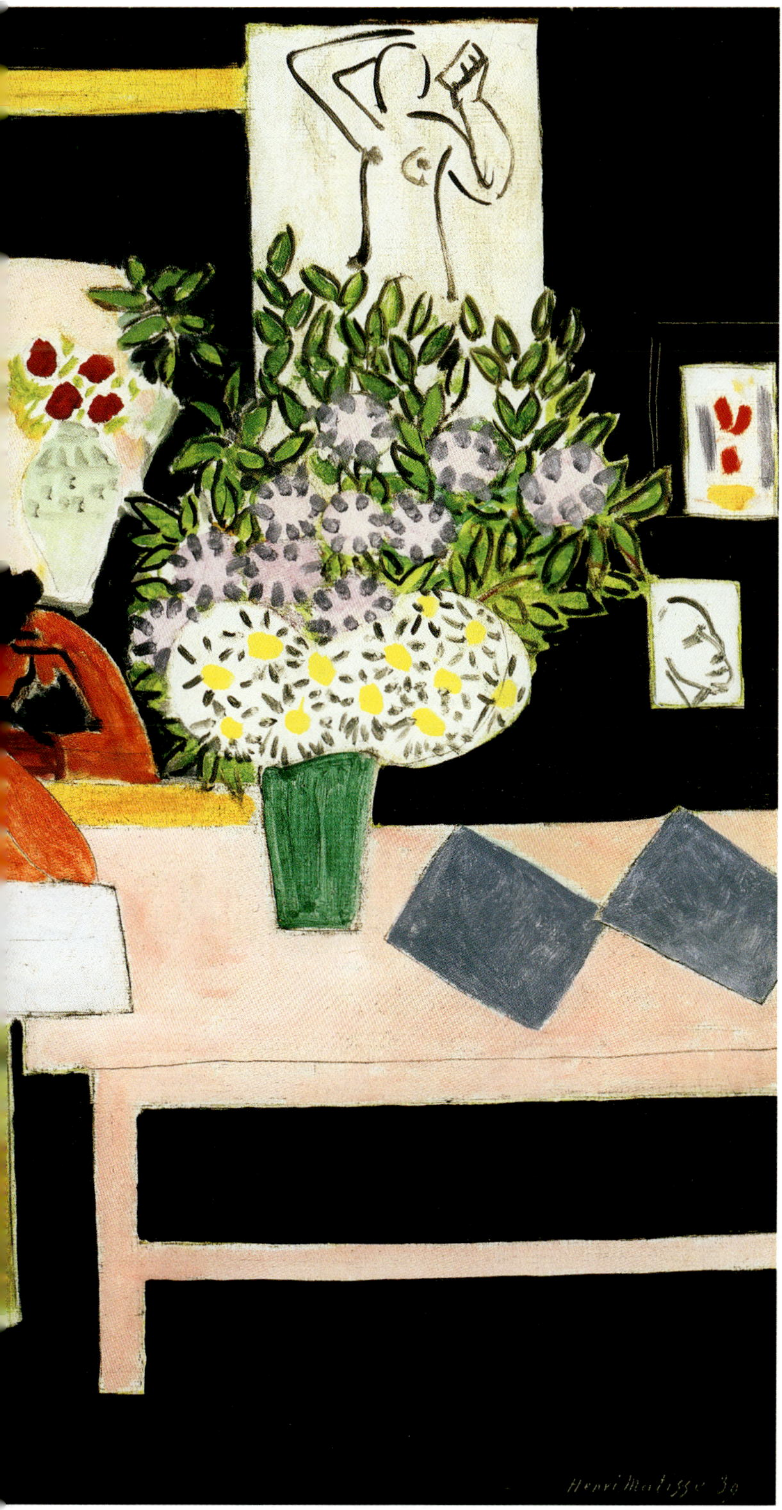
Henri Matisse 39

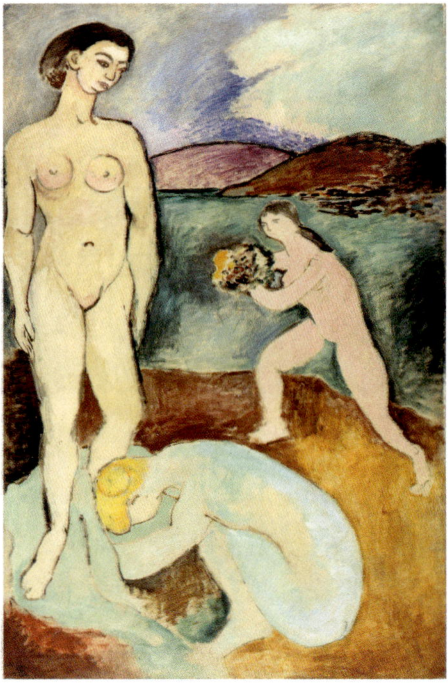

Luxe I, Collioure, été 1907, huile sur toile, 210 x 138 cm. Paris, Musée national d'art moderne.

limites qu'on lui a fixées pour mieux rendre compte de ce qui peut arriver. Ainsi – le voyez-vous? –, se balance la jambe de *La Liseuse.* En réalité, *La Liseuse* s'est arrêtée de lire. Elle a posé son livre sur ses genoux et elle regarde le peintre, à moins que ce ne soit vous qu'elle regarde. En interrompant la lecture, Matisse accentue la distance qui nous sépare de la toile, comme pour marquer l'étendue de son « espace spirituel, c'est-à-dire un espace aux dimensions que l'existence même des objets représentés ne limite pas ».

Luxe (Le)

Après le *Nu bleu, souvenir de Biskra**, nourri par le primitivisme* ambiant, Matisse s'attaque au monumental et peint *Le Luxe I.* Proche dans sa composition des *Trois Baigneuses* de Cézanne*, la toile propose également une

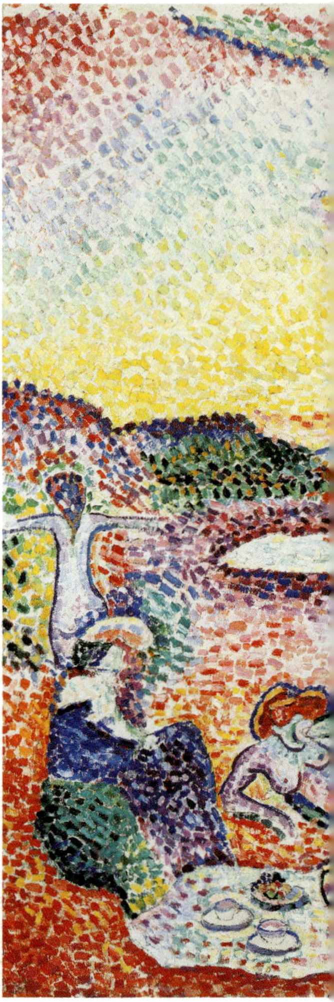

interprétation de son *Berger amoureux.* Douce évocation de la ronde des trois Grâces, le tableau développe un rythme ternaire: au premier plan, une servante accroupie aux pieds d'une Vénus, à l'arrière-plan, une troisième femme qui se penche pour lui offrir un bouquet de fleurs. À la fois champêtre et idyllique, la scène, épurée dans un style emprunté à Puvis de Chavannes* (1824-1898), a pour décor le golfe de Saint-Tropez fréquenté par Matisse durant l'été 1904. Au tracé saccadé qui appuie la décomposition du mouvement,

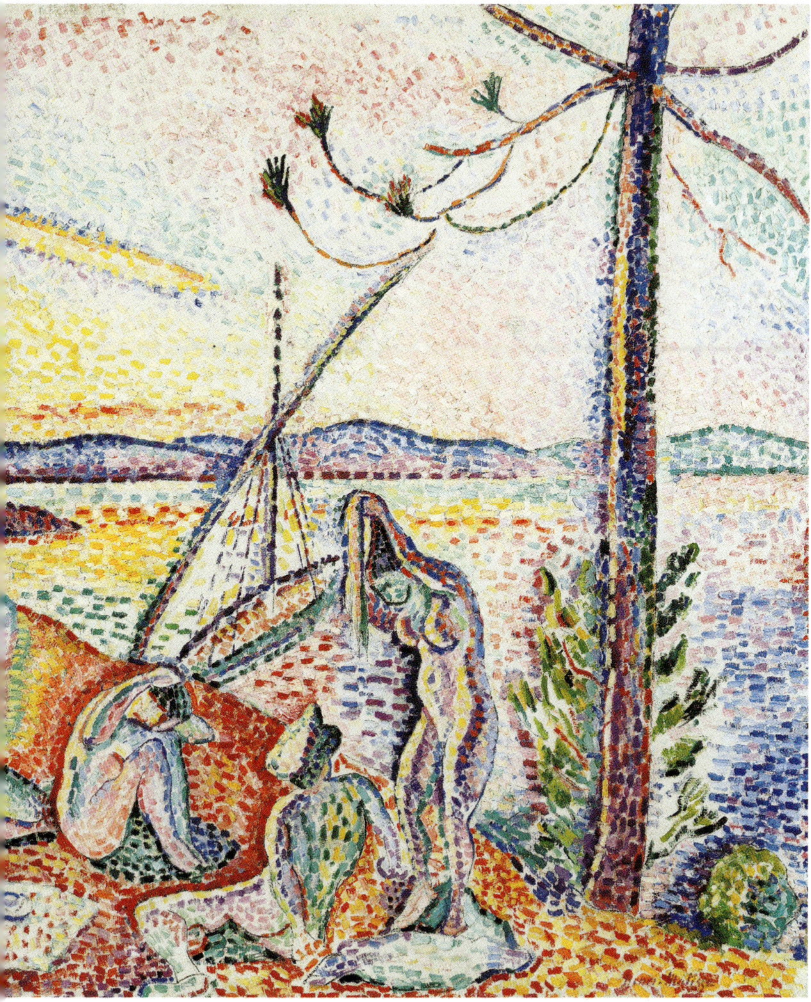

s'ajoute l'arabesque chère à Gauguin* qui donne à l'ensemble sa valeur décorative. En brisant toute continuité de l'image, il cherche déjà à détourner notre regard vers la matérialité de la peinture. Si quelques signes de son adhésion à l'impressionnisme* ou de son appartenance au fauvisme* persistent, notamment dans le traitement et les couleurs du fond, le peintre s'éloigne de la facture et de la palette néo-impressionniste de *Luxe, calme et volupté** en adoptant une harmonie plus froide. Pour transcender toutes ses sources d'inspiration, Matisse a puisé dans sa *Joie de vivre** un élément partiel et l'a transposé dans un gigantisme décoratif qui lui confère un caractère sacré et nous entraîne dans la spiritualité de son espace pictural.

Luxe, calme et volupté

Peint dans son atelier du quai Saint-Michel en 1904, *Luxe, calme et volupté* rassemble différentes études issues du séjour tropézien de Matisse et pose les fondements de son œuvre. Héritière du thème de l'Âge d'or ravivé par Puvis de Chavannes* (1824-1898), cette toile révèle

Luxe, calme et volupté, automne-hiver 1904, huile sur toile, 98,5 x 118,5 cm. Paris, musée d'Orsay.

une facture significative de son adhésion au néo-impressionnisme*. Inspiré des « soleils couchants », des « canaux » et de la « chaude lumière » de l'*Invitation au voyage* de Baudelaire (1821-1867), Matisse a transformé la baie de Saint-Tropez en un paysage idyllique animé de baigneuses aux formes ingresques. Il nous emmène dans ce paradis réinventé comme Manet (1832-1883) nous invite à son *Déjeuner sur l'herbe*, persuadé que : « Là, tout n'est qu'ordre et beauté, Luxe, calme et volupté. » Le principe de la touche divisionniste, héritée du néo-impressionnisme et connue de Matisse depuis la fin des années quatre-vingt-dix, atteint son paroxysme. Au contact de Signac* (1863-1935), elle est devenue systématique et rigoureusement fragmentée. Mais « les pures couleurs de l'arc-en-ciel », obéissant à une construction sagement étudiée, viennent se juxtaposer une à une sur la surface de la toile et l'illuminent de toutes parts. Dans un souci permanent de créer un nouveau rapport à l'art, l'aspect étonnamment décoratif de la toile joue comme équivalent plastique du thème illustré. En définitive, ce geste délibérément bridé et vidé de toute spontanéité confine à l'illusionnisme. *Luxe, calme et volupté* apparaît donc comme une proposition utopiste du présent, où tous les éléments plastiques susceptibles de nous faire vivre l'avènement d'un bonheur perdu ont été convoqués par l'artiste. Au cœur de cet hymne : un décor paysagesque, une famille réunie et le souvenir de l'Antiquité qui, bientôt, seront déclinés dans l'œuvre tout entière.

Portrait de Madame Matisse, 1912-1913, huile sur toile, 145 x 97 cm. Saint-Pétersbourg, musée de l'Ermitage.

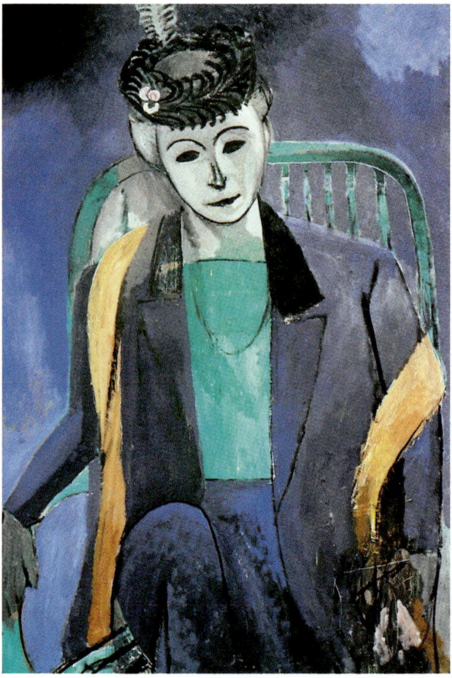

Madame Matisse

Jusqu'à l'installation à Nice, Matisse aime prendre pour modèles des membres de sa famille. Dès le début de leur mariage, Amélie* soutient avec une patience extraordinaire son mari dans ses expérimentations* et participe de sa rupture avec le règne académique en se prêtant au jeu. Enjeu du *Goûter*, peint à Saint-Tropez après une promenade destinée à le calmer de sa dispute avec Paul Signac* (1863-1935), Madame Matisse incarne avec délicatesse son amour de la figure. En reprenant dans *Luxe, calme et volupté**, le motif du *Goûter*, le peintre fait de sa femme un élément participatif de son mythe fondateur. Complice de la brûlante *Femme au chapeau**, elle accompagne Matisse dans son sentiment de la couleur et devient une femme « décorative » dans *La Raie verte**. Modèle* des premiers nus exécutés vers 1906 en plein air, elle figure l'étendue de son imaginaire. En 1913, le peintre, porté par l'intimité qui les relie, achève l'un de ses portraits* les plus touchants. Figé dans la blancheur de sa peau et la noirceur de ses traits, le visage de Madame Matisse transparaît dans une harmonie froide de gris, de verts et de bleus, en prenant des allures de masque. Cette schématisation, dans laquelle Matisse s'est engagé depuis son séjour au Maroc* et qui s'amplifiera dans d'autres portraits bien plus cubistes, n'écarte pas encore la ressemblance. Si son élégance se confond dans le hiératisme de sa posture, l'inclinaison de sa tête et le glissement délicat de l'écharpe orange suffisent à rompre son impassibilité et lui rendent ainsi toute l'humanité qui est la sienne.

Manguin (Henri)

C'est aux Arts décoratifs que Matisse fait la connaissance d'Henri Manguin (1874-1949), alors âgé de dix-huit ans. Parisien aux allures de dandy, caractérisé par une énergie débordante, Manguin manifeste très tôt une aptitude à la peinture qui lui permet d'intégrer rapidement l'atelier de Gustave Moreau*. L'aspect exacerbé de sa sensibilité, tout comme la sérénité qu'il a acquise au cours de son mariage séduisent particulièrement Matisse. Comme pour nombre de ses camarades, l'exposition consacrée à Cézanne* en 1895, puis la rétrospective Van Gogh (1853-1890) organisée chez Bernheim-Jeune en 1901 sont autant de révélations. Après le Salon des indépendants de

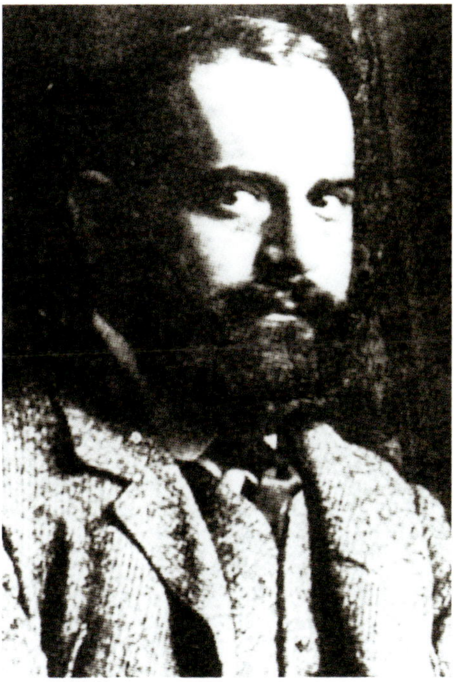

Henri Manguin, 1905.

1905, Manguin décide de se rendre à Saint-Tropez. Matisse, quant à lui, a choisi d'aller à Collioure et nourrit leurs échanges par une correspondance assidue. Le contact de la lumière méditerranéenne révèle à Manguin une nouvelle perception de la couleur, plus conforme à sa nature exaltée, qui cristallise ses émotions passées. Il se lance à corps perdu dans une peinture éclatante et vive, en parfaite harmonie avec la mouvance fauve dénoncée par Louis Vauxcelles au Salon d'automne de 1905. Conservant la sensualité qui lui est propre, Henri Manguin développe un art parfois aux limites de l'exubérance, mais toujours construit sur un mode rigoureux. C'est avec lui que Leo et Gertrude Stein (1874-1946), artistes et amateurs d'art, entameront les liens étroits qui les unissent aux artistes français. C'est donc lui qui présentera à Matisse les futurs acquéreurs de sa *Joie de vivre**.

Marchands

Berthe Weill s'intéresse à Matisse dès 1901. Elle a trente-six ans et peine à s'imposer comme marchande d'art. Se moquant de l'argent – ce qui lui vaudra de se brouiller avec de nombreux artistes –, elle est passionnée par son nouveau métier et possède le don de découvrir les futurs acteurs de l'art moderne, tels que Matisse et Picasso*. En 1902, elle organise sa troisième exposition d'artistes contemporains, parmi lesquels figurent Matisse et Marquet*. L'année d'après, elle vend son premier Matisse, une nature morte, puis expose régulièrement le peintre, figure de proue de l'avant-garde parisienne. C'est dans sa galerie de la rue Laffitte que les Stein et Chtchoukine découvriront l'art de Matisse, mais c'est Ambroise Vollard, marchand reconnu et installé à quelques mètres de là, qui lui offre en 1904 sa première exposition individuelle, après bien des hésitations. Si Vollard est en position de faire reconnaître l'artiste, il investit plutôt dans les toiles de Cézanne* ou dans les jeunes talents inconnus que lui recommande Matisse. Il fera beaucoup plus confiance à Picasso, qui en fit un célèbre portrait cubiste. En mars 1906, Eugène Druet, qui a ouvert sa galerie deux ans auparavant, organise la deuxième exposition individuelle de Matisse, une rétrospective comprenant cinquante-cinq œuvres de l'artiste. Puis Félix Fénéon (1861-1944), qui l'a remarqué, est nommé à la tête du département contemporain de la galerie Bernheim-Jeune. Il signe en 1908 un contrat avec Matisse, qui lie les deux hommes pour l'avenir.

Félix Fénéon, 1861-1944.

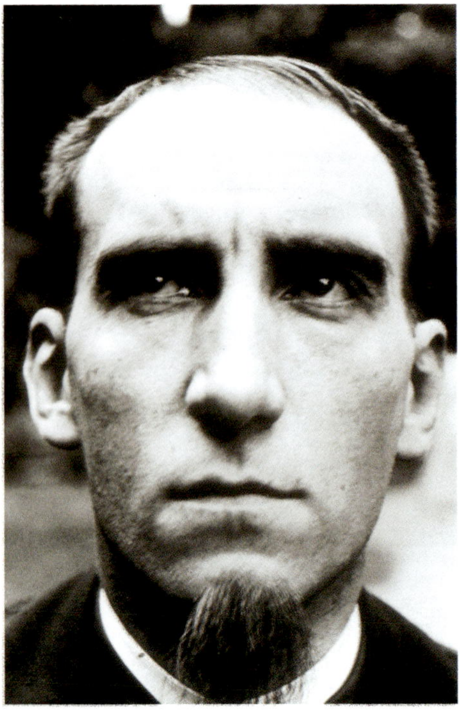

Marguerite

C'est la naissance de Marguerite, le 31 août 1894, qui consolide un temps la relation de Matisse et de Camille*. Reconnue par l'artiste en février 1897, elle est déchirée par la séparation de ses parents. Seule avec sa mère, la jeune enfant partage ses déboires et sa misère en attendant impatiemment la visite hebdomadaire de son père. Désemparée devant la tristesse de sa fille et les difficultés pour l'élever, Camille accepte de la confier à Amélie* l'année de ses quatre ans. Nouant de profondes relations avec sa belle-mère, Marguerite devient une aide précieuse pour le bon fonctionnement de l'atelier et l'éducation de ses deux petits frères. Élevée au milieu des pinceaux et des tubes de couleurs, elle est sensible à la peinture et fixe toutes les attentions de Matisse.

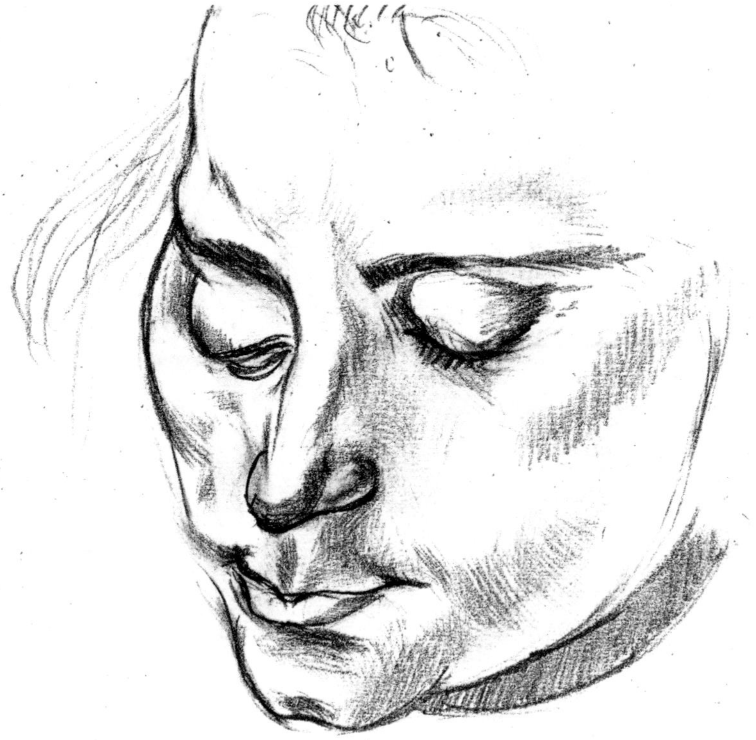

Marguerite, 1915, crayon, 21,9 x 17,2 cm. Collection privée.

Le premier portrait* de Marguerite la figure avec son tablier rayé bleu et blanc et ses grands « yeux d'odalisque » hérités de sa mère. De sa mère, elle a aussi l'apparente fragilité et la finesse des traits, mais elle possède surtout la volonté de fer et le courage immense de son père. La diphtérie – suivie d'une typhoïde – qu'elle attrape en 1901 cristallise l'affection de Matisse. Comme Camille autrefois, elle pose souvent et représente un modèle* idéal, aussi bien pour les toiles que pour les sculptures*, mais sa santé, toujours très délicate, reste une préoccupation constante pour l'artiste. Heureusement, l'importance qu'on lui accorde au sein de cette famille recomposée lui donne confiance en elle et lui permet de jouir pleinement de son adolescence. C'est un historien de l'art qu'elle choisit d'épouser en 1920 : Georges Duthuit.

C'est en janvier 1912, accompagné d'Amélie*, que Matisse se rend au Maroc sur les traces de Delacroix (1798-1863). Ce premier séjour à Tanger, qui se prolonge jusqu'en avril, commence mal. Le déluge qui s'abat sur la ville le contraint à rester enfermé des jours durant dans la chambre qu'il occupe à l'hôtel de France. Pour tromper l'ennui, il exerce sagement ses talents de peintre mais aussi de dessinateur en renouant avec un genre qu'il connaît bien, celui de la nature morte*. D'ailleurs, ce premier voyage, comme le second qu'il effectue avec Charles Camoin* de novembre 1912 à février 1913 donneront lieu à de nombreux carnets de dessins, préambules à certaines de ses peintures, mais parfois véritables petits trésors, témoins de la puissance évocatrice de son trait. Puis « le beau temps est venu, charmant, tout à fait délicieux de délicatesse ». Le voile levé, Tanger révèle à l'artiste la lumière de son architecture majestueuse et de sa nature luxuriante. Tournée vers les mondes intérieurs, sa production marocaine livre les secrets d'une ville fascinante et mystérieusement silencieuse. Des portraits* de Zorah, saisie dans une sorte d'apesanteur contemplative, aux fenêtres ouvertes ou à la *Porte de la casbah**, les toiles de cette période reposent sur une harmonie colorée d'une étonnante fraîcheur. À travers les paysages qu'il observe en détail comme à travers les Marocains qu'il choisit de faire poser, Matisse met en place tous les éléments plastiques qui vont participer du langage matissien. Campés dans une frontalité et une simplicité qui rappellent les icônes de l'art russe, ses

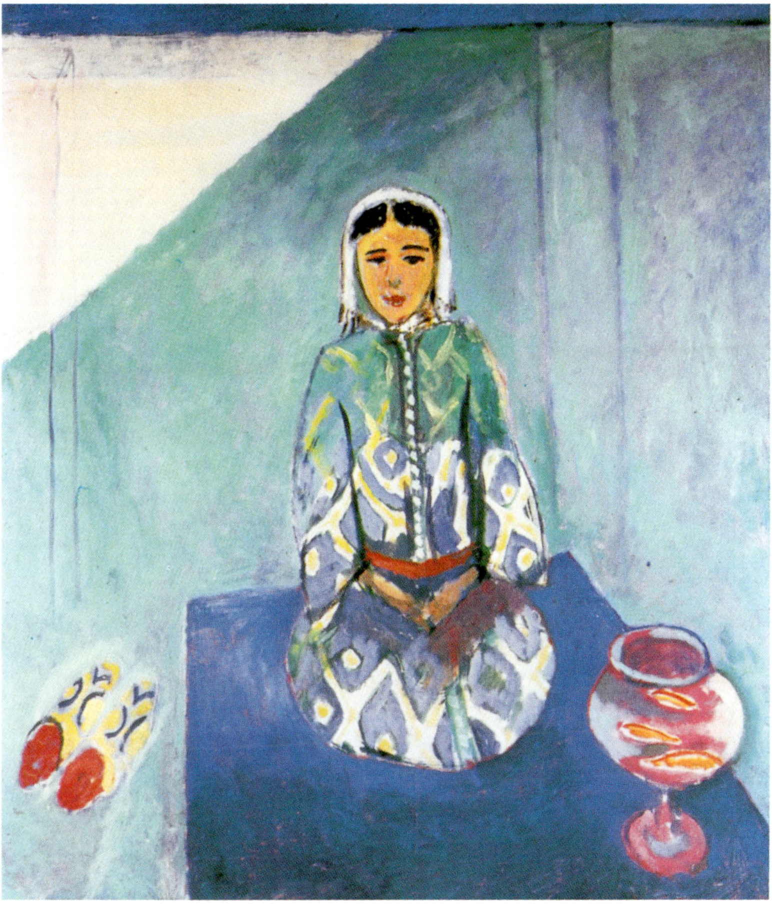

Zorah sur la terrasse, 1912, huile sur toile, 116 x 100 cm. Moscou, musée Pouchkine.

portraits revendiquent une solide construction reposant sur l'utilisation synthétique des volumes colorés. Cette immersion totale dans l'Orient*, qui lui permet de « reprendre contact avec la nature mieux que ne le permettait l'application d'une théorie vivante mais quelque peu limitée comme l'était le fauvisme* », le conduit effectivement à une simplification de la forme. Touchant à la synthèse expressive caractéristique de son génie, Matisse flirte parfois avec l'abstraction sans vouloir lui céder. À son retour du Maroc, il poursuit l'expérience et continue de peindre sa sensation, réaffirmant sans cesse ce sentiment du sacré né avec *La Danse** et exprimé avec force dans *La Conversation**, peinte entre les deux voyages. L'exposition de sa production marocaine remporte un vif succès. Les collectionneurs* s'arrachent ses œuvres. Désormais, Matisse n'a plus de souci à se faire. Il est définitivement entré dans le rêve...

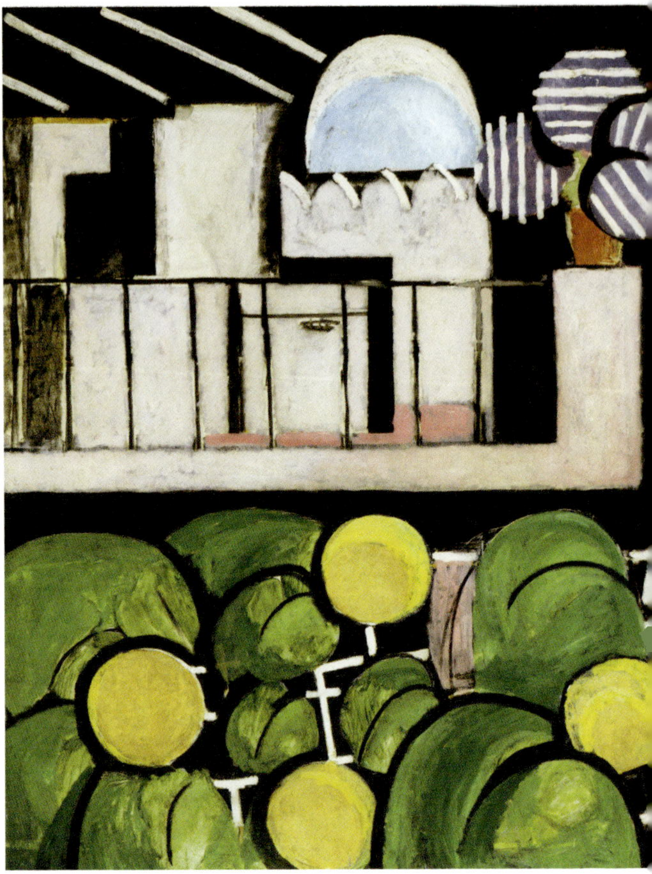

Marocains (Les)

C'est semble-t-il dès le printemps 1913, c'est-à-dire peu de temps après son retour du deuxième voyage au Maroc* que germe en Matisse l'idée des *Marocains.* Mais l'œuvre ne sera finalisée qu'en 1916, en pleine période d'inquiétude, et au prix d'une longue réflexion, comme en témoigne la lettre qu'il écrit au mois de février à son ami Camoin* : « J'ai la tête toute bouleversée depuis un mois avec un tableau du Maroc que je travaille en ce moment, c'est la terrasse du petit café de la Casbah que tu connais bien. J'espère m'en sortir, mais que de peine. Je ne suis pas dans les tranchées mais je m'en fais. » Même s'il a rapporté de nombreux carnets de dessins, Matisse expérimente un nouveau « sentiment », celui de la mémoire. Reprenant l'esprit ternaire du triptyque, induit par le caractère religieux de sa démarche et développé au cours de ses séjours marocains, la toile se compose de trois parties : la casbah de Tanger dans l'angle supérieur gauche, l'étal des coloquintes et des pastèques dans l'angle inférieur gauche et, enfin, occupant la partie droite du tableau, les Marocains étendus sur la fameuse terrasse. Unifiée par le noir, la construction repose sur une géométrisation qui nie la profondeur et qui s'abstrait de la réalité. Lieu de conflit entre une volonté de simplification et un refus de céder à la facilité de l'abstraction, les formes du paysage

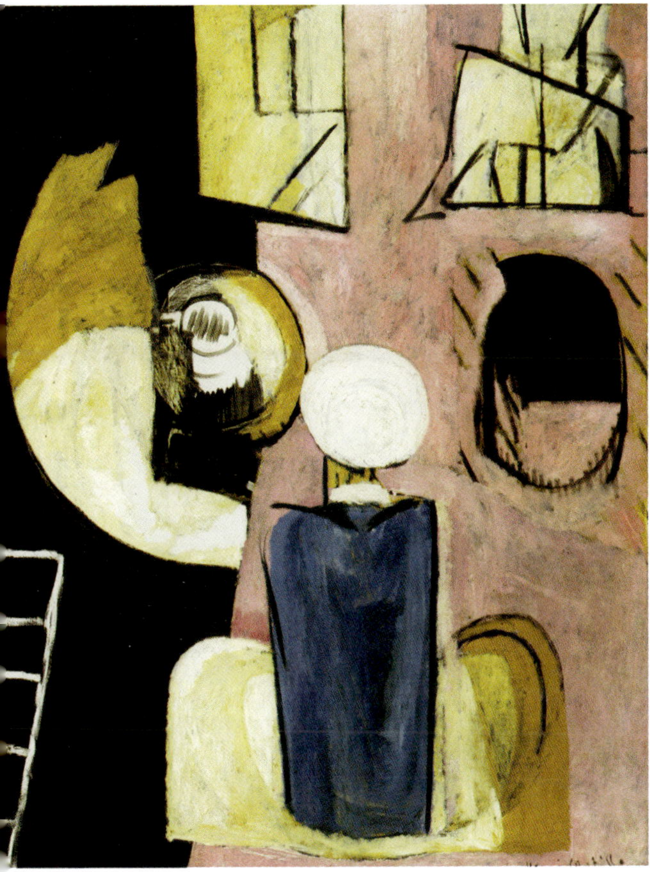

matissien se dissolvent dans son « sentiment » atmosphérique. Mais les masses sphériques, dans la luminosité de leurs couleurs, assurent la musicalité de la toile, en même temps que l'efficacité du trait en assure la vibration.

Marquet (Albert)

Durant la poursuite de son apprentissage* aux Arts décoratifs, Matisse noue avec Albert Marquet (1875-1947) une véritable amitié, animant une vie estudiantine souvent misérable. Totalement à l'opposé du caractère affable et spontané de Manguin*, Marquet est un solitaire impénitent, épris de liberté et particulièrement difficile à cerner. Cependant, Matisse décèle rapidement la fragilité du jeune peintre et surtout la détermination qui le pousse, notamment, à passer neuf fois l'examen d'entrée aux Beaux-Arts. Albert Marquet, quant à lui, apprécie le côté désinvolte et fantaisiste de Matisse et accepte de peindre à ses côtés. D'ailleurs, les traits et la construction de la célèbre *Terrasse à Saint-Tropez*, peinte en 1904, doivent plus à Marquet qu'au divisionnisme de Signac* (1863-1935) qui, de rage, s'emportera contre Matisse. Son appartenance au mouvement fauve tient davantage à leur relation privilégiée qu'à sa peinture, sage et assombrie. Il partage quelque temps avec Matisse comme avec Manguin* le même marchand* d'art, Ambroise Vollard. En 1905,

Les Marocains,
1916,
huile sur toile,
181,3 x 279,4 cm.
New York,
The Museum
of Modern Art.

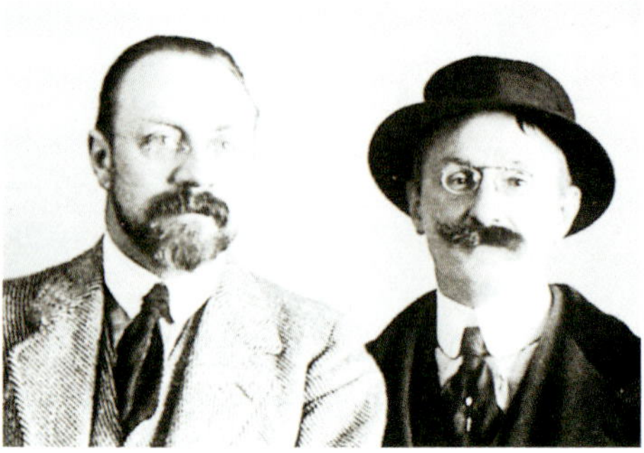

Henri Matisse et Albert Marquet vers 1908.

il découvre lui aussi le Midi de la France et s'adonne avec bonheur à la peinture de plein air. S'il hérite des aplats colorés de Gauguin* et du sentiment atmosphérique des impressionnistes, ses toiles sont appréciables par l'originalité de leur construction. Tracés par d'épais contours qui aiguisent le regard, ses paysages aux tons grisâtres rappellent la peinture du Japon, tout autant que sa calligraphie. Inscrit dans la lignée de Manet (1832-1883), Marquet sera toujours pour Matisse « notre Hokusai ».

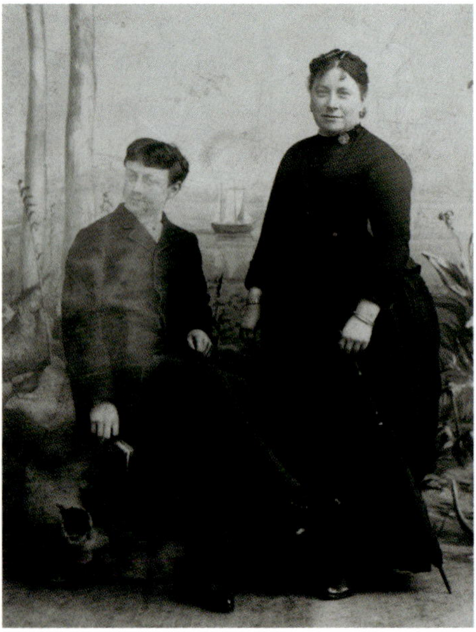

Henri Matisse et sa mère, vers 1887.

Matisse (Anna et Émile)

Fils et petit-fils de tisserands, le père d'Henri, Émile Matisse (1841-1910), a été élevé dans la tradition du tissu* propre au nord de la France. Il accomplit un pas décisif en devenant garçon de magasin à « La Cour batave », à Paris*. Illustration parfaite du *Bonheur des dames* d'Émile Zola (1840-1902), la vie du prestigieux magasin de l'époque lui enseigne cette même rigueur que l'on retrouve dans le travail de Matisse. C'est peu après la naissance d'Henri, en 1869, qu'Émile et sa femme Anna (1844-1920) s'installent à Bohain-en-Vermandois, non loin du Cateau-Cambrésis. Grâce à un petit héritage touché en 1865, il décide de reprendre, avec l'aide de son épouse, une graineterie de Bohain dont il fait rapidement une grosse entreprise prospère. Si l'éducation qu'il inflige à Matisse, puis à son petit frère Auguste, est sévère, elle est contrebalancée par un désir profond de transmettre sa réussite, sa fierté et son acharnement. Malheureusement, son incompréhension face aux désirs artistiques d'Henri entraîne les deux hommes dans un conflit perpétuel. Lui ayant payé ses études de droit, il voit d'un très mauvais œil son départ pour Paris, d'autant plus qu'il l'oblige à renoncer à son projet de lui confier l'entreprise. Cependant, il lui verse régulièrement une pension, sans laquelle Matisse et sa petite famille ne pourraient vivre. En 1903, lorsque Matisse revient à Bohain pour échapper aux retombées du scandale qui a frappé les Parayre*, l'hostilité de son père à son égard renaît de plus belle. Blessé dans sa fierté parce que la présence de Matisse attise l'animosité générale, leurs relations ne s'organisent peu à peu qu'autour de la visite des enfants. Mariée en 1869 avec Émile Matisse, Anna n'a cessé de soutenir leur fils dans les moments difficiles et de croire en lui. Dans cette lutte qui oppose le père et le fils, elle exercera avec délicatesse le difficile rôle de médiatrice. « Ma mère aimait tout ce que je faisais », dira Matisse. Modiste de métier, elle lui transmet son sens des couleurs, développé en décorant des porcelaines, et lui révèle l'art du portrait*. Tout au long de sa vie, Anna veillera au bien-être de son fils et de sa belle-fille, qu'elle chérit tout autant que ses petits-enfants.

Matisse (Jean et Pierre)

Jean Matisse (1899-1976) naît à Toulouse l'année des trente ans d'Henri. Le peintre ne vit toujours pas de sa peinture et ne pourrait nourrir sa famille sans la rente allouée par son père. Jean a neuf mois quand sa mère Amélie*, de nouveau enceinte, décide d'ouvrir sa boutique pour augmenter les ressources du ménage. La naissance de Pierre (1900-1989) à Bohain-en-Vermandois donne à Matisse la possibilité de rendre hommage à Maupassant et à son *Pierre et Jean*. Les deux enfants, baptisés le même jour de 1901 à Bohain, passent leur enfance entre le nord et le sud de la France. Jean s'attache beaucoup à sa tante Berthe, Pierre à sa grand-mère et à sa sœur Marguerite*, plus souvent à Paris*. Si Pierre rêve de devenir marin comme ses camarades de jeux de Collioure, il commence, dès l'âge de cinq ans, à s'intéresser sérieusement aux toiles de son père. Il les copie et en vend notamment une à Berthe Weill, l'une des marchandes* de Matisse. L'artiste s'intéresse de plus en plus aux dessins de ses enfants, et il aime les prendre pour modèles*. Mais Pierre n'est pas seulement l'acteur de *La Leçon de piano* de son père. Il est la projection de sa volonté. Matisse l'a retiré du lycée pour qu'il se consacre de façon intensive à l'étude du violon. La guerre interrompt ses projets ; Pierre devance l'appel. À l'âge de vingt-deux ans, il s'inscrit à l'académie de la Grande-Chaumière, où il fait la connaissance d'Alberto Giacometti (1901-1966). Puis il part s'installer à New York où il ouvre une galerie d'art, dès 1932. Il y expose les plus grands représentants de l'art contemporain européen. Jean, qui avait été mis au violoncelle, devient sculpteur.

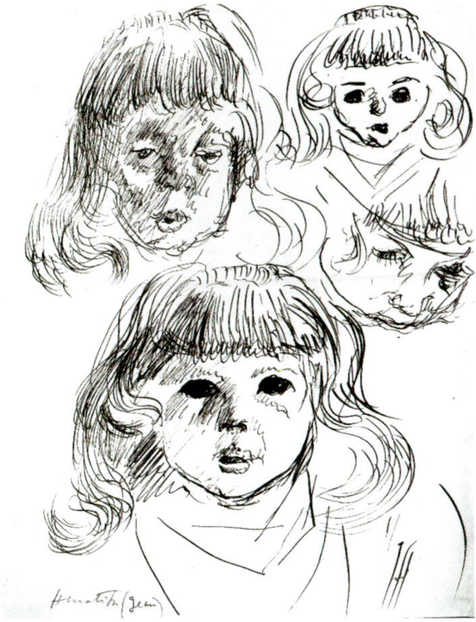

Jean, vers 1901, plume, 29,7 x 23,7 cm. Collection privée.

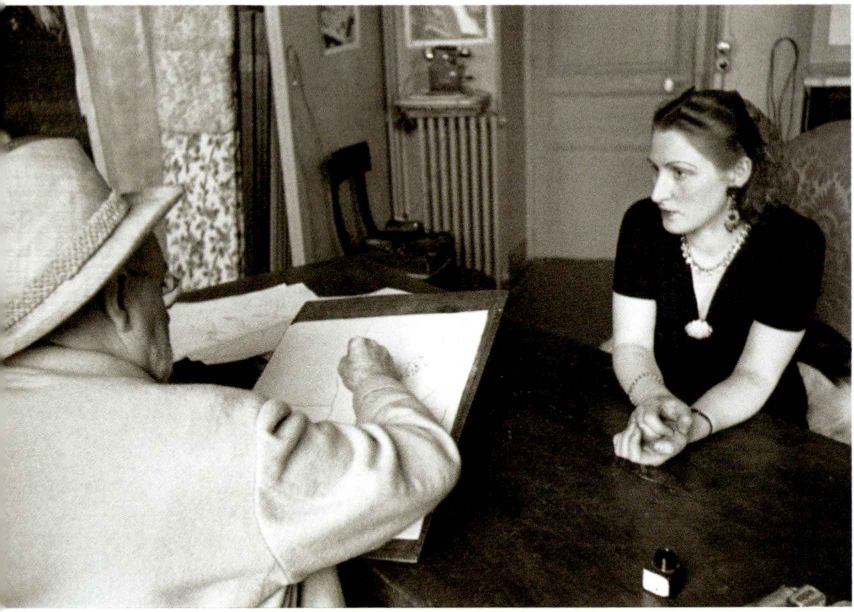

Henri Matisse
et son modèle,
Lydia Delectorskaya,
Nice, vers 1943-1944.

MODÈLE
«Thème principal» du rêve matissien

Si Matisse se lie avec Camille*, c'est parce qu'elle lui sert de modèle aux Beaux-Arts. En revanche, c'est lui qui fait d'Amélie* son modèle de prédilection, avant de recourir de plus en plus fréquemment à sa fille Marguerite*. C'est son portrait*, dans la simplicité de son primitivisme*, que Picasso* choisira lorsqu'ils échangeront leurs œuvres. Marguerite comme Amélie sont généralement représentées dans un mode à la fois réaliste et décoratif qui introduit une dialectique portrait-icône. En 1916, Matisse engage Lorette, une superbe Italienne, modèle de sa toile intitulée *Le Peintre et son modèle** et de nombreuses autres œuvres qui lui permettent de sortir du cubisme*. À Nice, c'est Antoinette Arnoux qui entre dans le bal et qui pose pour les plus fameux d'entre ses dessins. Puis dans les années vingt, c'est Henriette Darricarrère, figurante au cinéma, qui se prête au jeu de son théâtre niçois. Pour Matisse, ces jeunes femmes ne sont pas des figurantes mais de véritables sources d'inspiration. Elles sont le «thème principal» de son travail car, explique-t-il, «je dépends absolument de mon modèle, que j'observe en liberté, et c'est ensuite que je me décide pour lui fixer la pose qui correspond à son naturel. Quand je prends un nouveau modèle, c'est dans son abandon au repos que je devine la pose qui lui convient et dont je me rends esclave. Je garde ces jeunes filles souvent quelques années, jusqu'à épuisement d'intérêt». De Lydia Delectorskaya, il ne se lassera pas. Entrée comme assistante, elle lui sert ensuite de modèle et l'accompagne jusqu'à la fin de sa vie…

Moreau (Gustave)

Fils d'architecte, élève des Beaux-Arts de 1848 à 1849, Gustave Moreau (1826-1898) enrichit sa formation classique en regardant le romantisme développé par Théodore Chassériau (1819-1856). Après un séjour prolongé en Italie, qui lui permet d'approfondir sa connaissance de l'art de la Renaissance, il s'impose avec *Œdipe et le Sphinx*, en 1864, comme le maître du symbolisme* naissant. Issue de sa ferveur mystique, sa peinture est une allégorie permanente de l'Antiquité et de l'histoire sainte qui trouve des résonances dans toute la mouvance symboliste de la fin du XIXe siècle, ainsi que dans les poèmes de José Maria de Heredia (1842-1905), ou même les romans de Marcel Proust (1871-1922). Nommé en 1892 aux Beaux-Arts, il forme les futurs artisans du fauvisme* qui apprécient son degré de tolérance et le paradoxe de son enseignement. Tout en les incitant à la copie pour parfaire leur apprentissage du dessin, il les initie au sentiment de la couleur tel que Delacroix (1798-1863) le lui a enseigné. Plus proche du jeune Rouault*, à qui il confie la succession de son atelier, il guide les pas de Matisse pendant près de six années et l'aide à retrouver confiance en lui. Matisse raconte: «Gustave Moreau me disait: "Vous n'allez pas simplifier la peinture à ce point-là, la réduire à ça. La peinture n'existerait plus." Et puis, il revient et il me dit: "Ne m'écoutez pas. Ce que vous faites est plus important que tout ce que je vous dis. Je ne suis qu'un professeur, je ne comprends rien." Mais pour Gustave Moreau, "la peinture qui restera, c'est celle qui a été rêvée, pensée, réfléchie, faite de la tête [...]." Peindre, c'est imaginer la couleur.» Matisse s'en souviendra tout au long de sa vie et s'y emploie dès à présent.

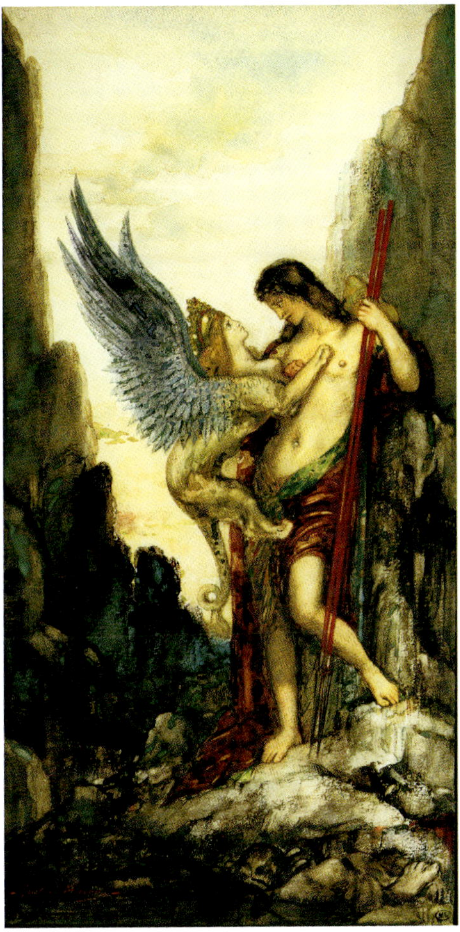

Gustave Moreau, *Œdipe et le Sphinx*, aquarelle, 35 x 18 cm. Paris, musée du Louvre.

Musique (La)

Comblé par *La Danse** de Matisse, le collectionneur* russe Sergei Chtchoukine lui commande un deuxième panneau décoratif sur le thème de la musique. Comme dans *La Danse*, le peintre utilise pour *La Musique* cinq figures et trois couleurs –le bleu, le vert et le rouge–,

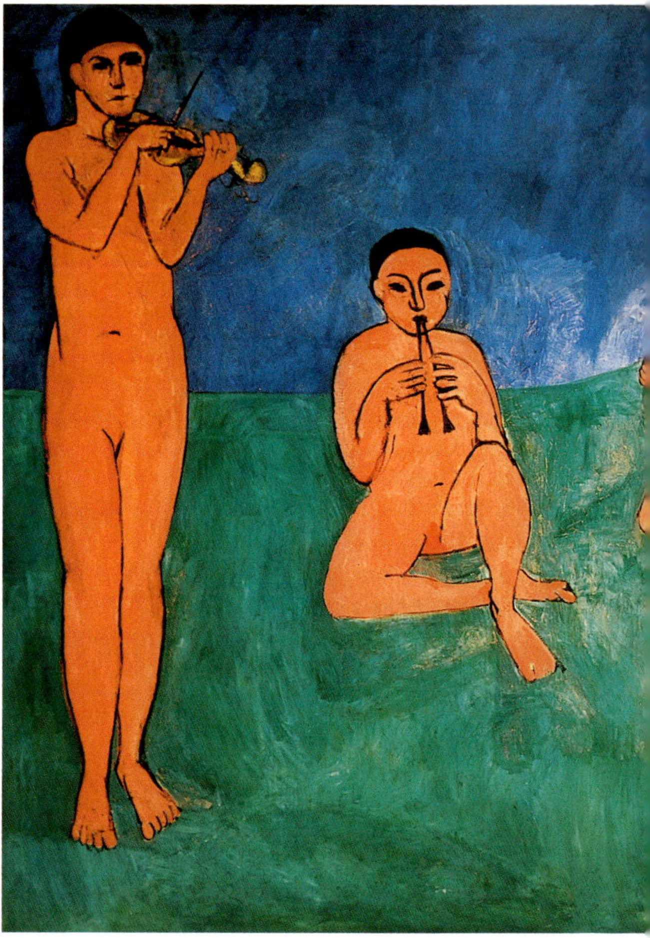

mais l'ensemble acquiert une autre dimension, plus intense et étrange à la fois. L'élégance des corps dansants succède au primitivisme* des musiciens répartis, comme des notes sur une partition, dans un espace toujours très sommaire. Stylisés dans leur forme et dans leurs détails anatomiques, les musiciens revêtent un aspect bidimensionnel qui confine à l'abstraction mais qui accentue le caractère décoratif de la composition. Inspiré par *Le Vieux Musicien,* peint par Edouard Manet (1832-1883) en 1862, *La Musique* de Matisse est cependant en train de se jouer. L'entendez-vous ? La posture frontale des personnages, qu'ils soient assis ou debout, engage explicitement notre regard dans un dialogue interminable qui renforce l'absence de lien entre eux. Selon Pierre Schneider, « la frontalité qui dissocie les personnages de *La Musique* est aussi l'instrument de leur sacralisation ». En entrant dans *La Danse* et en insufflant à ses figures le « sentiment pour ainsi dire religieux » qu'il possède de la vie, Matisse a restitué à la peinture

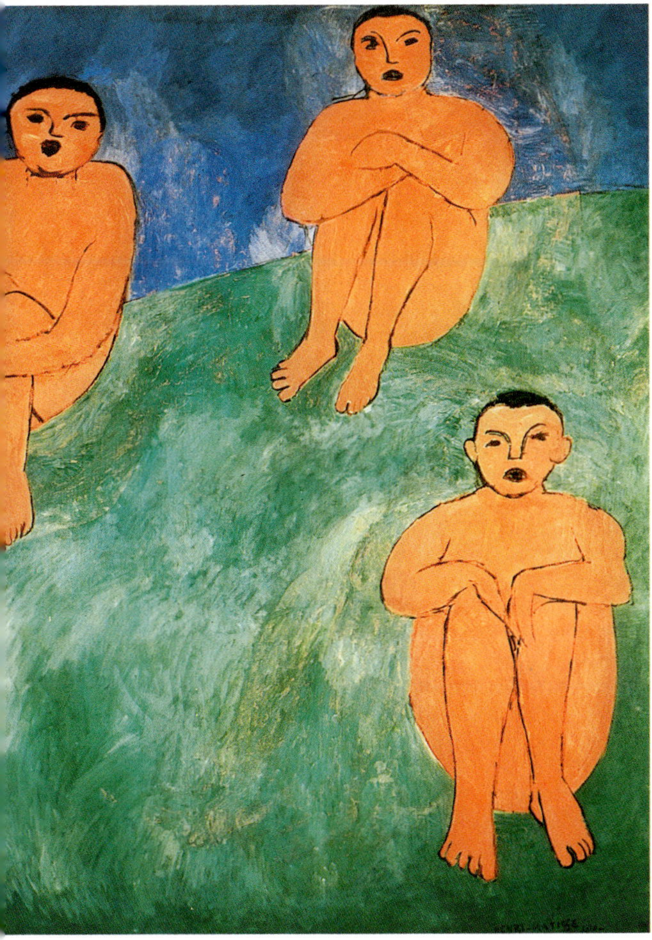

La Musique, 1910, huile sur toile, 260 x 389 cm. Saint-Pétersbourg, musée de l'Ermitage.

sa destination première: refléter dans la forme l'intensité de son contenu. Avec *La Musique*, les choses deviennent plus abstraites, tout demeure impalpable, comme si le sentiment passionnel du peintre procédait des profondeurs insondables de son être et rendait au sacré le caractère invisible et absolu qui lui convient vraiment.

Nature morte

La première toile de Matisse, qu'il intitule *Mon premier tableau*, est une «nature morte aux livres», témoignage de son adhésion à la tradition flamande. La maîtrise de la nature morte est au cœur de l'enseignement académique, mais très vite Matisse passe de la copie littérale à la copie libre, avec un penchant particulier pour l'art de Chardin (1699-1779). L'expérience de la lumière l'incite à éclaircir sa palette et le pousse à enrichir son vocabulaire de fruits dorés. Les natures mortes aux oranges apparaissent. En 1908, dans ses *Notes d'un peintre*, Matisse livre son «sentiment» de la nature morte: «Dans la nature morte,

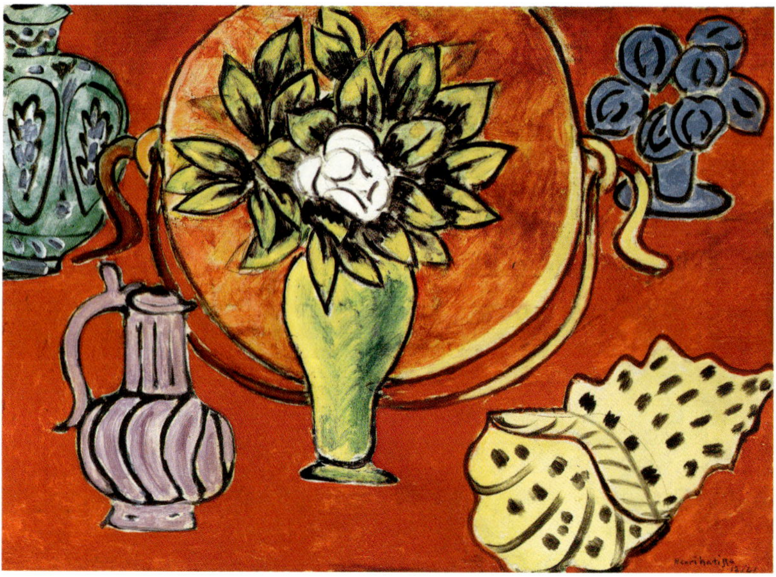

Nature morte aux magnolias, 1941, huile sur toile, 74 x 101 cm. Paris, Musée national d'art moderne.

copier les objets n'est rien ; il faut rendre les émotions qu'ils éveillent en soi. L'émotion de l'ensemble, la corrélation des objets, le caractère spécifique de chaque objet – modifié par sa relation avec les autres – tout cela entremêlé comme une corde ou un serpent. » En même temps, la nature morte constitue le champ de ses expériences picturales. Ainsi en 1909, la *Nature morte à « La Danse »* réintroduit l'espace bidimensionnel de *La Danse** dans la tridimensionnalité de son atelier. Et les fleurs, dans la splendeur de leur éclat, raniment la ronde endiablée des danseuses nues. Les séjours au Maroc* ravivent fruits et fleurs qui deviennent prétextes à de superbes compositions. Puis en 1915, il livre une version cubiste de *La Desserte* de Jan Davidsz de Heem (1606-1684), initiatrice de sa première *Desserte**. Mais c'est la *Nature morte aux magnolias* peinte en 1941 sur un fond rouge écarlate qui, dans la synthèse qu'elle opère, demeure son « tableau préféré ».

Néo-impressionnisme

Si la dernière exposition impressionniste a lieu en 1886, *Un dimanche après-midi à l'île de la Grande Jatte* de Georges Seurat (1859-1891) s'impose en 1887 comme le véritable manifeste du néo-impressionnisme. Issu d'une conception scientifique de la peinture qui repose sur la notion d'ordre, le néo-impressionnisme prône la dépersonnalisation de la touche et la multiplication des composantes symboliques. Retenant de l'impressionnisme* sa capacité à produire une synthèse colorée du monde, il s'éloigne de son chromatisme spontané en refusant toute déconstruction formelle. Digne héritière des travaux d'Eugène Chevreul et de Charles Henry sur la perception rétinienne, la technique divisionniste ou pointilliste se réfugiera dans un irréalisme absent de toute subjectivité. Illustrée par le travail d'Edmond Cross (1856-1910), elle est définitivement théorisée par Paul Signac (1863-1935) en 1899, dans un essai intitulé *De Delacroix au néo-impressionnisme.* Au cours de l'hiver 1903-1904, Matisse fait la connaissance de Signac, mais

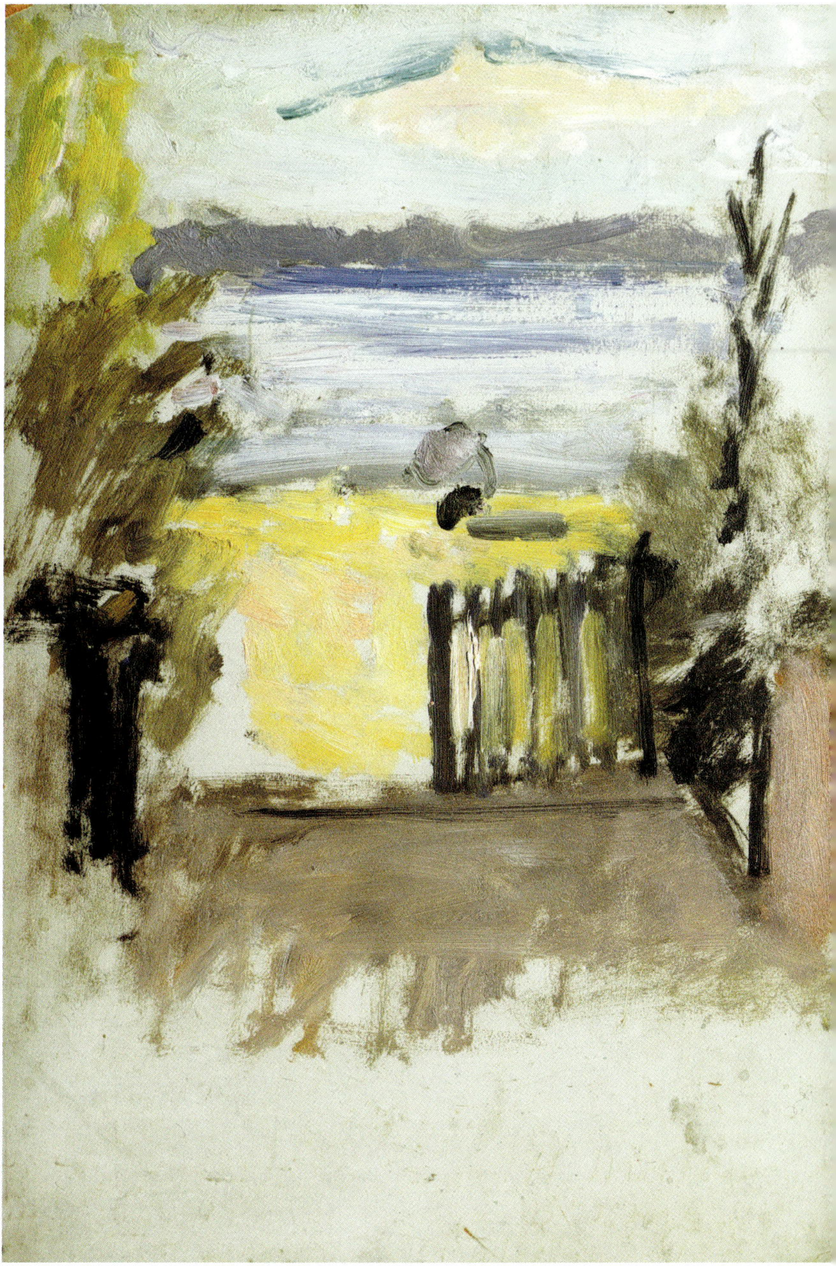

c'est durant l'été passé à Saint-Tropez qu'il est confronté directement au divisionnisme. Plus sensible à l'art de Marquet*, la *Terrasse à Saint-Tropez*, qui provoque la colère de Signac, offre en réalité l'une des plus belles représentations néo-impressionnistes de Matisse. Se souvenant des constructions chromatiques de Cézanne*, elle possède en elle l'harmonie étincelante des paysages de Collioure. À son retour à Paris*, Matisse pénètre avec *Luxe, calme et volupté** dans un nouvel univers pictural.

Porte de l'atelier de Signac, 1904, huile sur toile, 30 x 24,5 cm. Collection privée.

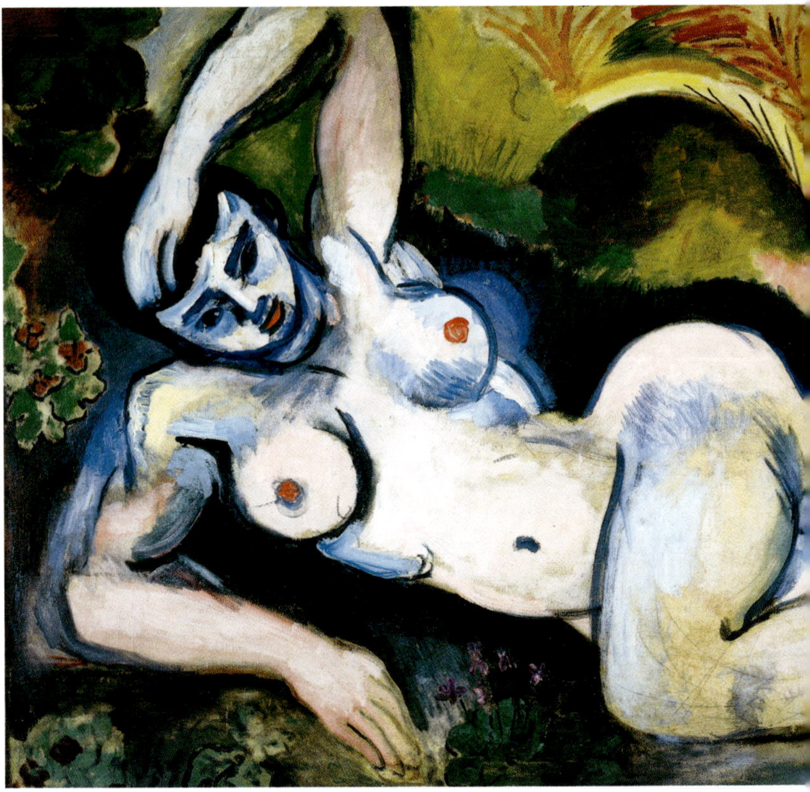

Nu bleu, souvenir de Biskra, 1907, huile sur toile, 92 x 140,4 cm. Baltimore, The Baltimore Museum of Art.

Nu bleu, souvenir de Biskra

Après la déception de l'Algérie*, Collioure lui apparaît sous un nouveau jour et le pousse, durant l'été 1906, à renouer avec la sculpture*. À l'automne, il modèle avec passion un nu – *Nu couché I (Aurore)* –, qui se brise en tombant sur le sol de l'atelier. Avant d'en recoller les morceaux, il décide de transférer sa sculpture en peinture et exécute le *Nu bleu, souvenir de Biskra.* Malgré son manque d'aisance, dû à cette volonté de conserver l'intégrité de la forme sculpturale, sa pose rappelle celle de la *Naissance de Vénus* de Cabanel (1823-1889) ou celle de l'*Olympia* de Manet (1832-1883), autant qu'elle semble vouloir s'en départir. Restituant la puissance massive d'une sculpture africaine, le *Nu bleu, souvenir de Biskra* s'impose dans l'espace de la toile en accentuant la frontalité des volumes, la torsion et les lignes forces du corps. En plaçant sa figure dans un décor de palmiers et de fleurettes, seul souvenir explicite de son séjour à Biskra, l'artiste donne à son œuvre un aspect décoratif qui contraste avec la cruauté d'un corps géométrique, presque désarticulé. Pour accentuer ses formes volumiques, il a poussé à l'extrême cette utilisation du bleu que Cézanne* lui a révélé pour « faire sentir l'air », c'est-à-dire pour délicatement suggérer la profondeur. Seul tableau exposé par Matisse au Salon des indépendants de 1907, cette figure « qui se situe à mi-chemin entre le sacré et le profane », pour Pierre Schneider, prolonge la rêverie édénique entamée par l'artiste avec *Luxe, calme et volupté** et ouvre à Matisse la voie de la déformation.

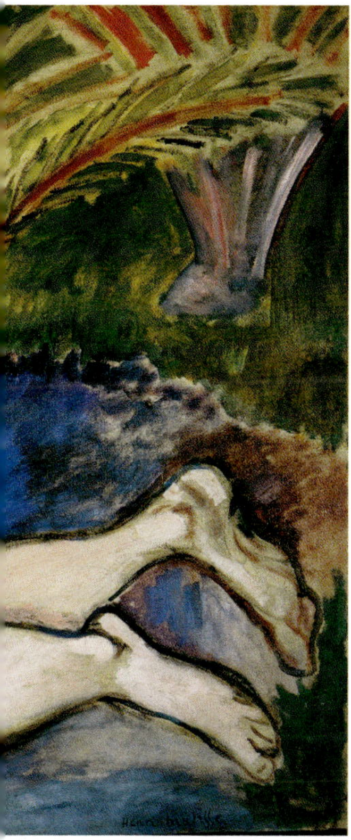

Nu rose

Après trois années passées à réaliser la fresque de *La Danse Merion**, Matisse est épuisé et renoue avec la peinture de chevalet. D'avril à octobre 1935, il se concentre sur le *Grand nu couché* ou *Nu rose*, qui frappe par son côté monumental et difforme. Son assistante russe, Lydia Delectorskaya, qui efface après chaque séance de pose les zones que Matisse veut retravailler, lui sert de modèle*. Des photographies prises au cours des étapes successives d'élaboration sont envoyées aux commanditaires de Baltimore et permettent de suivre le déroulé de la pensée de l'artiste, le « cinéma de sa sensibilité ». Elles dévoilent son glissement progressif d'une facture naturaliste vers une synthèse cubiste, empreinte d'une sensualité toute matissienne. Apparue en peinture avec le *Nu bleu, souvenir de Biskra**, la rêverie féminine de Matisse s'est prolongée dans ses figures d'odalisques et dans une sculpture* en bronze de 1925, intitulée *La Nuit*. Empruntée à Michel-Ange (1475-1564), la figure de *La Nuit* représente un nu, penché, les jambes repliées et les bras ramenés derrière la tête.

Nu rose, mai à octobre 1931, huile sur toile, 66 x 92,7 cm. Baltimore, The Baltimore Museum of Art.

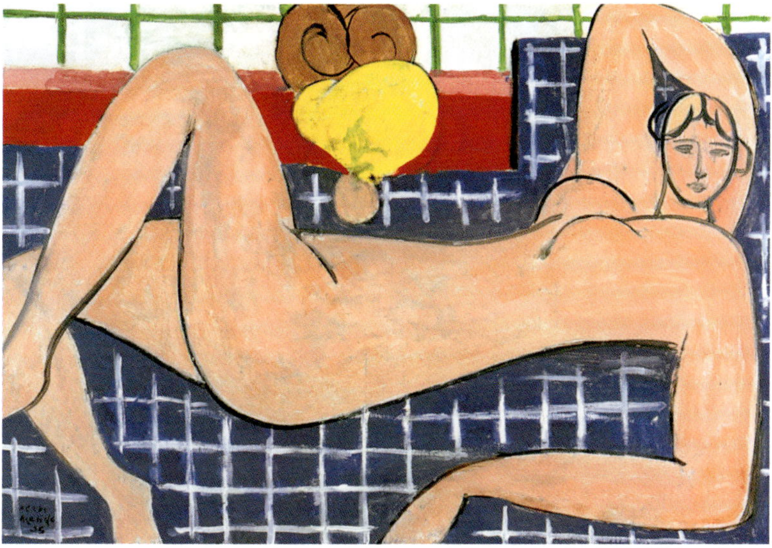

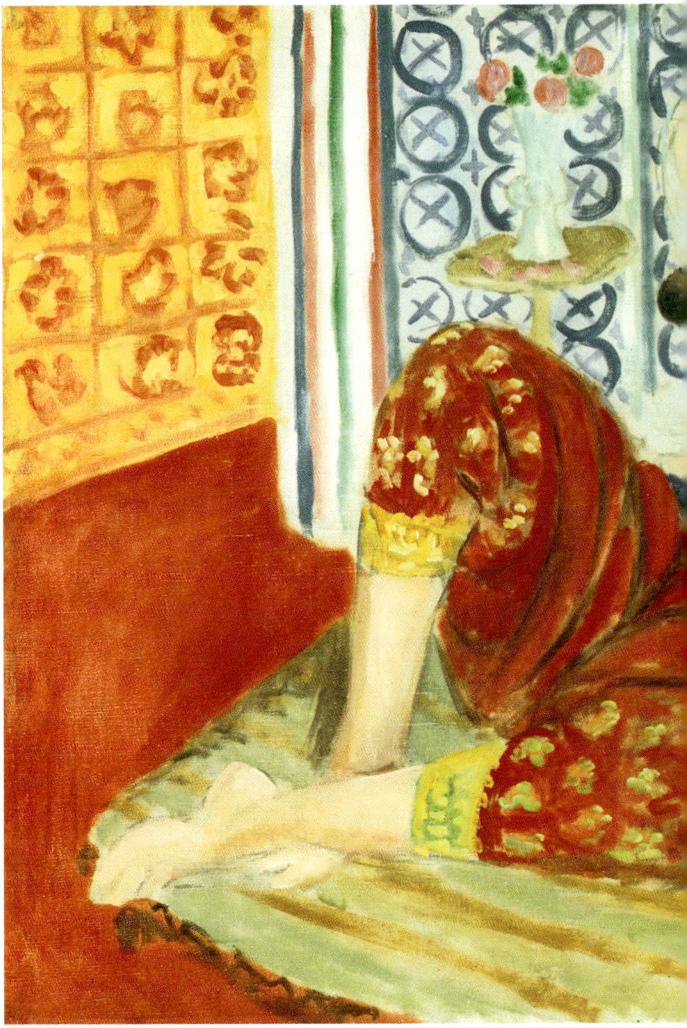

Cette position des bras, que l'on retrouve notamment dans l'*Odalisque à la culotte rouge**, est en partie conservée ici, mais son aspect sculptural se fond dans la nécessité de l'abstraction linéaire. Plus que jamais, cette simplification scripturale pose le fond en décor et la figure en signe. Ainsi, en réduisant au plan de la toile, les derniers témoins de l'espace tridimensionnel, Matisse a définitivement cédé à l'esthétique orientale. Les *Baigneuses* de Cézanne* peuvent aller rejoindre les collections du Petit Palais…

Odalisque à la culotte rouge

Dès son installation à Nice, Matisse puise dans la sculpture* pour retrouver la plénitude de la forme: «J'essaie de mettre en moi la conception claire et complexe de la construction de Michel-Ange.» C'est sa figure de l'Aurore, couchée au pied de Laurent de Médicis, qui l'incite à trouver de nouvelles postures pour son nu couché, inspirateur du *Nu bleu, souvenir de Biskra**. Torsions du buste ou torsions des hanches viennent dès lors contrebalancer l'inclinaison du support et dyna-

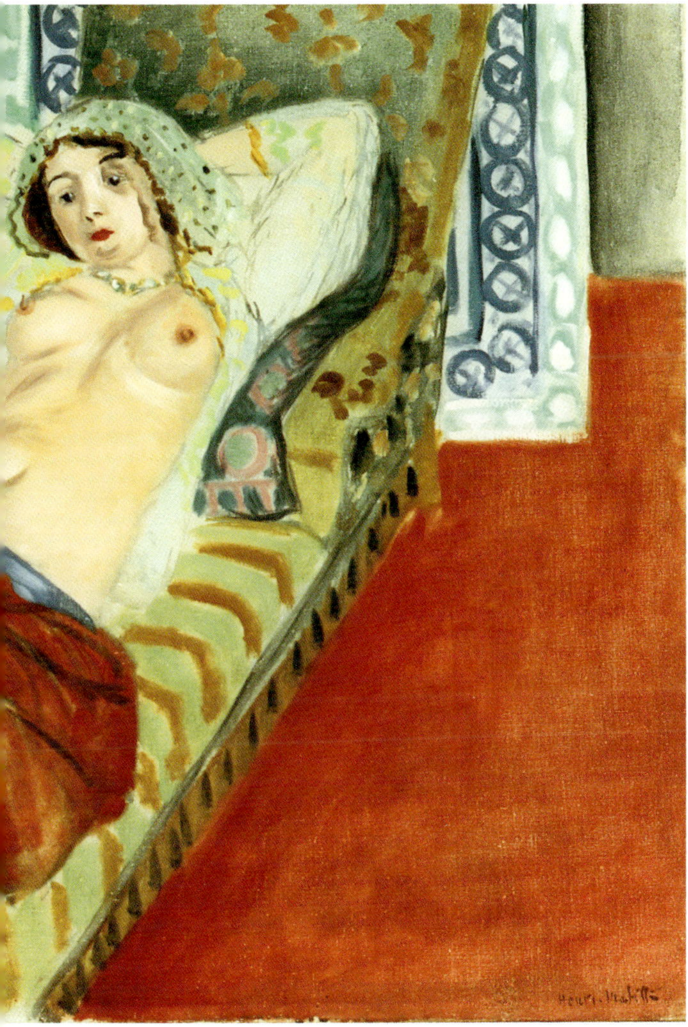

miser la courbe du corps abandonné, dans l'*Odalisque à la culotte rouge* de 1921. Adossant son modèle – Henriette Darricarrère – à des coussins, pour répondre à sa lascivité, le peintre peut ainsi se concentrer sur l'enveloppe corporelle et, comme de la matière picturale, se jouer de la consistance charnelle. De Cézanne*, il reprend l'art de construire l'espace en juxtaposant des formes simples, auxquelles il donne l'épaisseur de la sculpture michelangelesque. Offrant sa nonchalance à notre regard conquis par la chaleur des couleurs et l'exotisme du décor, l'*Odalisque à la culotte rouge* joue, comme tant d'autres odalisques, dans le théâtre oriental que Matisse a reconstitué dans son atelier niçois. Réduite au buste, sa nudité se fond dans l'ornement du tissu de la culotte et de son corsage défait. L'odalisque est aussi décorative que le décor qui l'environne. Ainsi, Matisse entend bien souligner que les actrices de sa rêverie sont nées de la représentation et non de l'illusion, car « une grande tension couve, qui est d'ordre spécifiquement pictural ».

Odalisque à la culotte rouge, 1922, huile sur toile, 50 x 61 cm. Paris, musée de l'Orangerie.

ORIENT

Remis au goût du jour par la campagne d'Égypte de 1798, l'Orient suscite au début du XIXe siècle un véritable engouement, inspirateur des plus belles expressions artistiques comme des plus mièvres, et couronné en 1829 par *Les Orientales* de Victor Hugo. Ingres (1780-1867), Delacroix (1798-1863), Géricault (1791-1824), tous rêvent de l'Orient, de ses paysages, de sa chaleur, de ses parfums, de ses étoffes et, surtout, de l'indolence de ses femmes, et de leurs courbes avantageuses… Si quelques-uns font le voyage, la plupart découvrent l'Orient au Louvre, devant les trésors rapportés par Vivant Denon. Puis, peu à peu, le regard des artistes change, l'observation se fait plus aiguë, et le rendu plus réaliste. L'exaltation du pittoresque et le goût de l'exotisme font place à un phénomène ethnologique, encouragé par la politique coloniale de la France. Symbole de ce nouvel élan artistique officiel, la Société des peintres orientalistes français se fait même un devoir de prodiguer l'amour des Orientaux et de leurs coutumes. Puis, peu à peu son attrait s'essouffle. Mais pour certains, l'Orient continue d'incarner un ailleurs rêvé, un royaume du primitivisme* où tout n'est que pureté et harmonie. Matisse, lui, connaît bien les témoignages parfois émouvants de Delacroix et comprend très tôt la valeur des arts « exotiques », qui ravissent son sens des couleurs et du décoratif. Familiarisé à l'art islamique, notamment grâce au Louvre et à l'Exposition universelle de 1900, il est particulièrement attentif à l'exposition organisée au pavillon de Marsan dès 1903. En 1910, il se rend même à Munich en compagnie de Marquet* pour découvrir les chefs-d'œuvre de l'art musulman qui y sont exposés et raconte combien ce voyage l'a conforté dans ses recherches : « Les miniatures persanes, par exemple, me montraient toute la possibilité de mes sensations. Par ses accessoires, cet art suggère un espace plus grand, un véritable espace plastique. Cela m'aida à sortir de la peinture d'intimité. » Séduit par la notion de

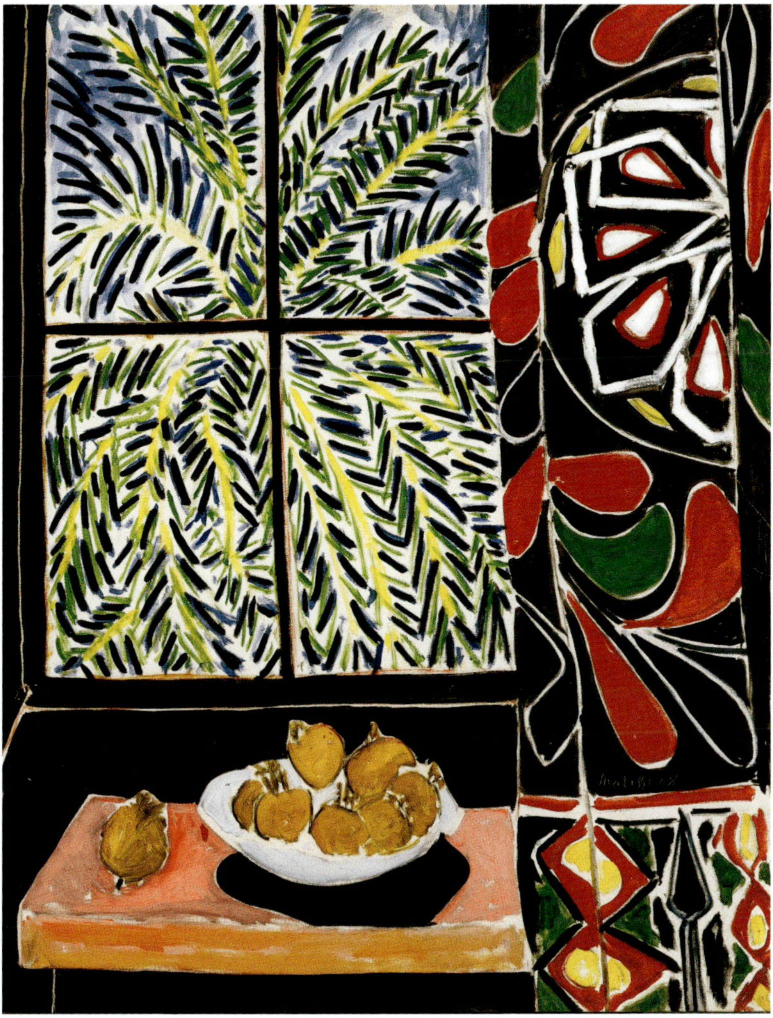

Intérieur aux rideaux égyptiens, 1948, huile sur toile, 116,2 x 89,2 cm.
Washington, The Phillips Collection.

décor continu, significative de l'horreur du vide propre à l'art islamique, il adopte les éléments constitutifs de son espace pictural bidimensionnel : les aplats de couleur pure, le traitement du dessin par l'arabesque et l'absence de modelé. L'art islamique lui permet aussi de résoudre ses interrogations sur le rapport forme-expression car, en champions de l'art décoratif, « les Orientaux ont fait de la couleur un moyen d'expression ». En conciliant la composition par plans et la construction par lignes de force héritées de Cézanne* avec la magie colorée de l'art oriental, Matisse confère à sa peinture le pouvoir extraordinaire d'être forme et couleur.

Parayre (Armand et Catherine)

Instituteur dans un petit village proche de Toulouse, Armand Parayre (1844-1922), profondément attaché au progrès et à la démocratie, voit en l'éducation un sérieux garant de la République. C'est ainsi que le député de Haute-Garonne, Gustave Humbert, décide de l'employer pour enseigner le latin à son fils Frédéric, puis l'engage comme collaborateur. Armand, son épouse Catherine (1848-1908) et leurs deux filles, Berthe et Amélie*, suivent donc à Paris* le brillant politique, devenu sénateur puis garde des sceaux. En 1885, l'instituteur démissionnaire se lance dans l'édition, en publiant plusieurs journaux pour soutenir la campagne législative du fils de Gustave Humbert. Quatre ans plus tard, le jeune député perd son poste et Armand Parayre, après un bref séjour à Madagascar, devient l'administrateur des Humbert. Mais, aveuglés par leur attachement, les Parayre se font bientôt les complices involontaires d'escroqueries aux fonds de retraites. Victime expiatoire d'un scandale, qui entache la renommée de la famille Matisse jusqu'à Bohain-en-Vermandois, Armand Parayre est arrêté le 21 décembre 1902. Son innocence prouvée le mois suivant, il est relâché et se réfugie avec sa femme à Rouen auprès de leur fille Berthe. Catherine, admirée par Matisse pour sa constance et sa fidélité, s'était battue pendant des années pour défendre les richesses de la famille Humbert et devenir la gardienne de leur prestigieuse collection d'art. Très affaiblie par cette trahison, elle ne s'en remettra jamais vraiment.

Paris

Matisse a dix-sept ans lorsqu'il s'inscrit à la Sorbonne pour préparer une capacité en droit. Mais c'est à partir de 1891, lorsqu'il intègre les Beaux-Arts, qu'il goûte véritablement aux joies et aux peines de la vie estudiantine. Encore très active dans l'organisation des expositions et des salons officiels qui assurent le devenir des artistes, l'École des beaux-arts est de plus en plus contestée. En 1881 se crée le premier Salon des refusés, suivi quelques années plus tard, à l'initiative de Puvis de Chavannes* (1824-1898), du Salon de la Société nationale des beaux-arts. Durant ses études, Matisse assiste aux concerts Harcourt et devient un habitué du tout nouvel Opéra-Comique. Plusieurs expositions organisées en 1893 au palais de l'Industrie, puis en 1894 au palais de l'Élysée lui permettent de découvrir l'art musulman et les estampes japonaises. D'ailleurs, ce sont les crêpons japonais achetés rue de Seine qui lui révéleront la couleur. Au cours de l'été 1894, il s'installe 19, quai Saint-Michel, dans le quartier populaire de Notre-Dame, et fait son entrée dans les salons. En 1895, il découvre, à la faveur d'une rétrospective organisée par le marchand* Ambroise Vollard, l'œuvre de Cézanne*. En 1897, une partie du legs Caillebotte est enfin exposée au musée du Luxembourg et permet à de nombreux artistes de découvrir la production impressionniste rassemblée par le peintre Gustave Caillebotte (1848-1894). Gustave Moreau*, le seul professeur qui ait marqué Matisse, meurt l'année suivante. L'hiver 1899 ouvre sur une longue période déprimante pour

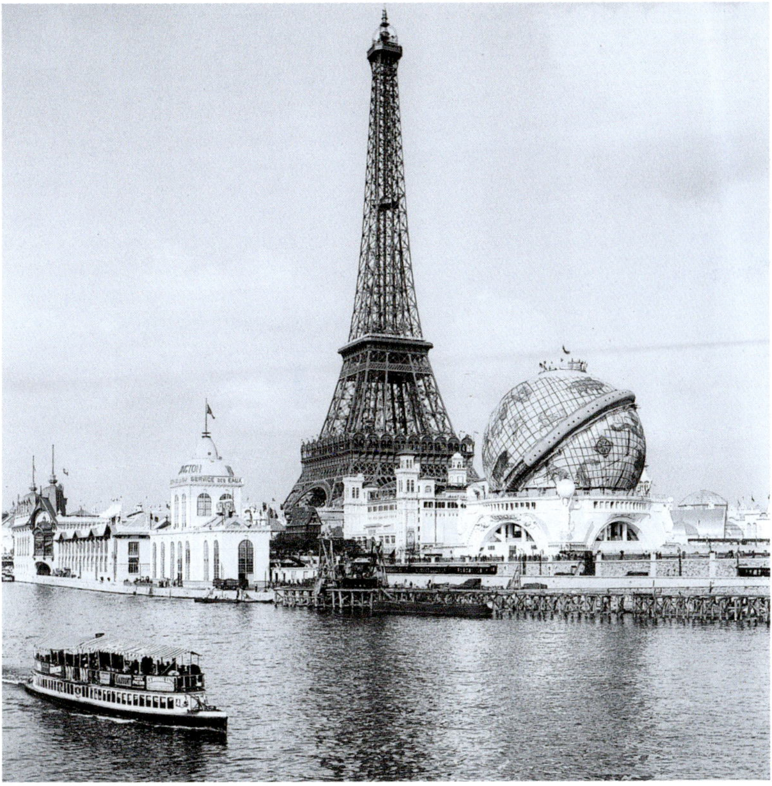

L'Exposition universelle de 1900, la tour Eiffel et le Globe de la nuit.

l'artiste, qui n'a pas réussi à s'imposer. À l'Exposition universelle de 1900 succède la rétrospective Van Gogh (1853-1890) chez Bernheim-Jeune. En 1903, un groupe d'artistes, dirigé par l'architecte de La Samaritaine, Frantz Jourdain (1847-1935), crée le Salon d'automne et donne une nouvelle impulsion à la jeune création française, également stimulée par la multiplication des marchands. C'est au Salon d'automne qu'a lieu, en 1904, la première grande exposition Cézanne. L'année 1905 est marquée par l'arrivée des « fauves » sur la scène artistique parisienne et par la première exposition officielle de Van Gogh, organisée par Signac* (1863-1935) et Matisse au Salon des indépendants. En 1907, le cubisme* de Braque (1882-1963) et de Picasso* se fait jour et s'impose. Guillaume Apollinaire (1880-1918), qui fait ses premiers pas dans la critique d'art vers 1910, publie en 1912 *Les Peintres cubistes*. La guerre met un frein à la création. En 1918, Matisse et Picasso sont réunis dans une exposition préfacée par Apollinaire chez Paul Guillaume. Matisse est plus souvent à Nice qu'à Paris ou Issy-les-Moulineaux, mais il fait les décors et les costumes du *Chant du rossignol* créé par Diaghilev (1872-1929) sur une musique de Stravinski (1882-1971). En 1924, André Breton (1896-1966) publie *Le Manifeste du surréalisme*. Matisse expose désormais dans le monde entier. Après la Seconde Guerre mondiale, qui a poussé de nombreux artistes à se réfugier aux États-Unis, Matisse reprend ses séjours à Paris où il expose régulièrement.

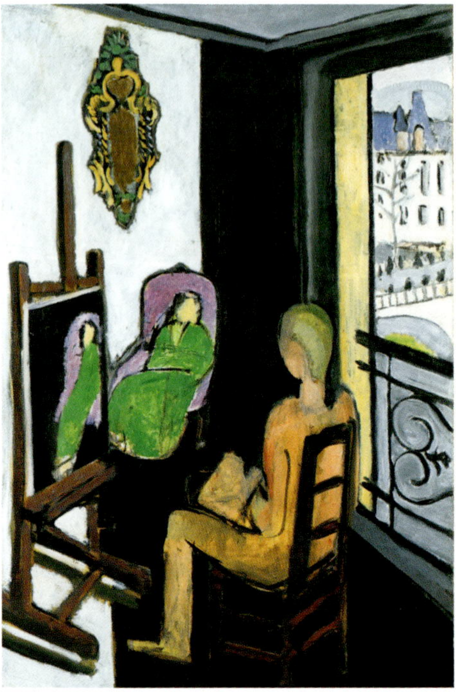

Le Peintre et son modèle, hiver 1916-1917, huile sur toile, 146,5 x 97 cm. Paris, Musée national d'art moderne.

Peintre et son modèle (Le)

C'est au cours de l'hiver 1916-1917 que Matisse peint *Le Peintre et son modèle*, toujours dans un souci de simplification, mais avec la volonté de s'affranchir du cubisme*. Restaurant le dualisme de *La Conversation**, la toile oppose la figure du modèle*, vêtue d'une large robe verte et assise de face au fond de l'atelier, à celle du peintre, assis au premier plan, nu, mais de dos. À Amélie* succède donc Lorette, une superbe Italienne, que Matisse peindra désormais avec acharnement. La partie gauche de la toile, où se situent le chevalet et la toile peinte, est contrebalancée de l'autre côté par l'ouverture de la fenêtre*. Au lieu de créer une trouée vers le monde extérieur, la fenêtre, ainsi mise sur le côté, ramène sans cesse notre regard vers le centre de la pièce, car c'est bien là que se joue le drame. Si cette fenêtre donne malgré tout à voir, le miroir quant à lui est véritablement aveugle. Sa présence aide à creuser l'espace en profondeur, mais il fait directement référence au plan d'un tableau accroché au mur. En jouant sur la signification des objets représentés comme sur le rôle du modèle, auquel sa nudité l'identifie, Matisse se peint dans la solitude de ses interrogations sur le portrait*. Symbolique de son rapport osmotique à la peinture et de sa conscience ouvrière, la palette de couleur chair qu'il tient à la main semble prolonger sa corporalité. Il se représente dans sa confrontation avec deux univers: celui de l'image qu'il a peinte, *Lorette sur fond noir, robe verte*, et celui du modèle qu'il voit, Lorette. Mais en définitive, Matisse a peint un troisième tableau: celui que vous voyez...

Picasso (Pablo)

Dès 1900, Pablo Ruiz Blasco, dit Pablo Picasso (1881-1973), né à Malaga en Andalousie, effectue des séjours à Paris*. En avril 1904, il s'installe avec Fernande Olivier à Montmartre, au Bateau-Lavoir. C'est au Salon des indépendants de 1906, où Matisse expose *La Joie de vivre**, que les deux hommes font connaissance. Mais selon Picasso, ils comprennent très vite que c'est entre leurs mains que se joue l'avenir de la peinture moderne. Au cours d'un dîner organisé à l'automne chez les Stein, artisans de leur rencontre, Matisse fait découvrir l'art africain à Picasso. Il le raconte dans ses *Écrits et propos sur l'art*: «J'allais souvent chez Gertrude Stein, rue de Fleurus,

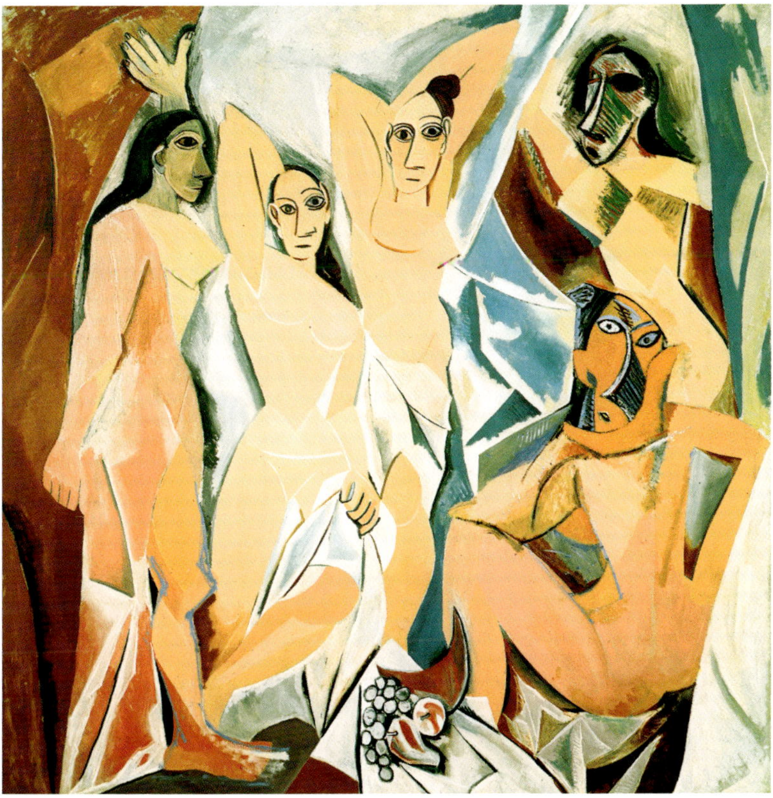

Pablo Picasso, *Les Demoiselles d'Avignon*, 1907, huile sur toile, 244 x 233 cm. New York, The Museum of Modern Art.

et en m'y rendant je passais chaque fois devant un petit magasin d'antiquités. Je remarquai un jour dans la vitrine une petite tête Nègre, sculptée sur bois, qui me rappela les immenses têtes de porphyre rouge des collections égyptiennes du Louvre. [...] J'ai donc acheté cette tête pour quelques francs et l'ai emportée chez Gertrude Stein. J'ai trouvé là Picasso qui en fut très impressionné. Nous en avons longuement discuté, et ce fut le début de notre intérêt à tous pour l'art Nègre [...].» Immédiate sur l'art de Picasso, puisqu'elle solutionne les difficultés rencontrées avec le *Portrait de Gertrude Stein*, la portée de l'art africain se distillera plus lentement et plus subtilement dans l'œuvre de Matisse. Empruntant avec frénésie les chemins de la déformation, qui le conduisirent à dissoudre les formes dans l'abstraction, Picasso initie le cubisme*. Réplique à *La Joie de vivre**, ses *Demoiselles d'Avignon* doivent cependant davantage au *Nu bleu, souvenir de Biskra** de Matisse qu'à l'art nègre proprement dit. En 1914, la guerre rapproche les deux hommes, écartés des hostilités. C'est à cette époque que Picasso lui-même, saisi d'incertitude sur le devenir de sa peinture, réalise un tableau intitulé *Le Peintre et son modèle*, thème repris par Matisse deux ans plus tard. Cette relation complexe, qui

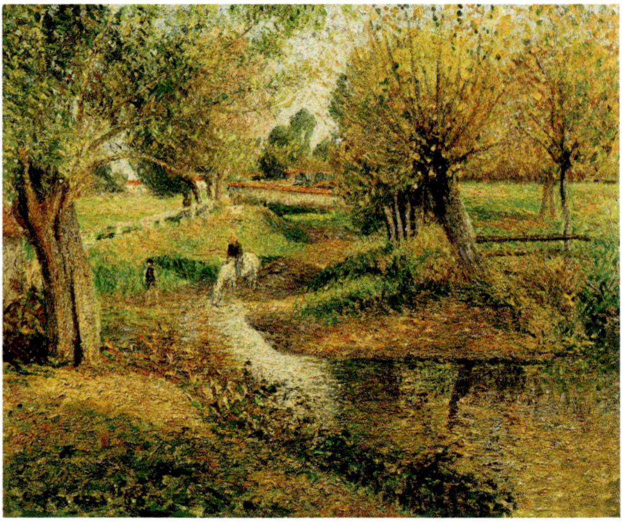

Camille Pissarro *L'Abreuvoir, Eragny*, huile sur toile, 35 x 65 cm. Paris, musée du Louvre.

oscille entre amitié et rivalité, mais qui partage la même conscience ouvrière de la peinture, se ressent profondément dans une lettre écrite par Matisse en 1940 à son fils Pierre*: «Si tout le monde faisait son métier comme Picasso et moi faisions le nôtre, ça ne serait pas arrivé.» Plus tard, ils s'échangeront des tableaux. Et si tous deux se jettent dans la prière quand tout va mal, Picasso n'apprécie pas le projet de la chapelle de Vence*: « Pourquoi est-ce que vous ne feriez pas plutôt un marché? Vous y peindriez des fruits, des légumes», lance l'Espagnol. Mais là, pour Matisse, il ne s'agit plus de travailler «comme des ouvriers» car, dit-il, « tout est venu d'ailleurs, de plus haut que moi». Critique mais sans doute admiratif, Picasso déclarera: « Personne ne pouvait faire du Matisse. Personne d'autre que Matisse ne pouvait en faire.»

Pierre

Voir Matisse (Jean et Pierre)

Pissarro (Camille)

Apprenti admirateur de Corot (1796-1875), Camille Pissarro (1830-1903), dont l'art se caractérise par une grande unité à la fois colorée et texturelle, se lie avec Monet (1840-1926) à l'Académie suisse dès 1859. Réfugié à Londres pendant la guerre de 1870, sa maison de Louveciennes est entièrement détruite et son travail anéanti. Mais à son retour, il rejoint ses amis et participe au mouvement impressionniste, dont il assume le rôle de patriarche, puis aspire à une peinture plus structurelle, moins instinctive. Vers 1885-1890, il adhère au néo-impressionnisme*, mais continue à s'intéresser aux techniques émergentes en dessin et en gravure, et devient le maître de l'eau-forte colorée. Très proche de la nouvelle génération, il fait franchir à Gauguin* le pas décisif de la peinture de plein air et demeure «l'humble, le colossal Pissarro» pour Cézanne*, avec lequel il entretient une relation particulièrement étroite et féconde. En 1897, Pissarro fait la connaissance de Matisse, qui vient souvent lui rendre visite dans son atelier. Le vieil homme l'engage à poursuivre dans la voie de l'impressionnisme* et découvre avec lui le legs Caillebotte, exposé pour la première fois au musée du

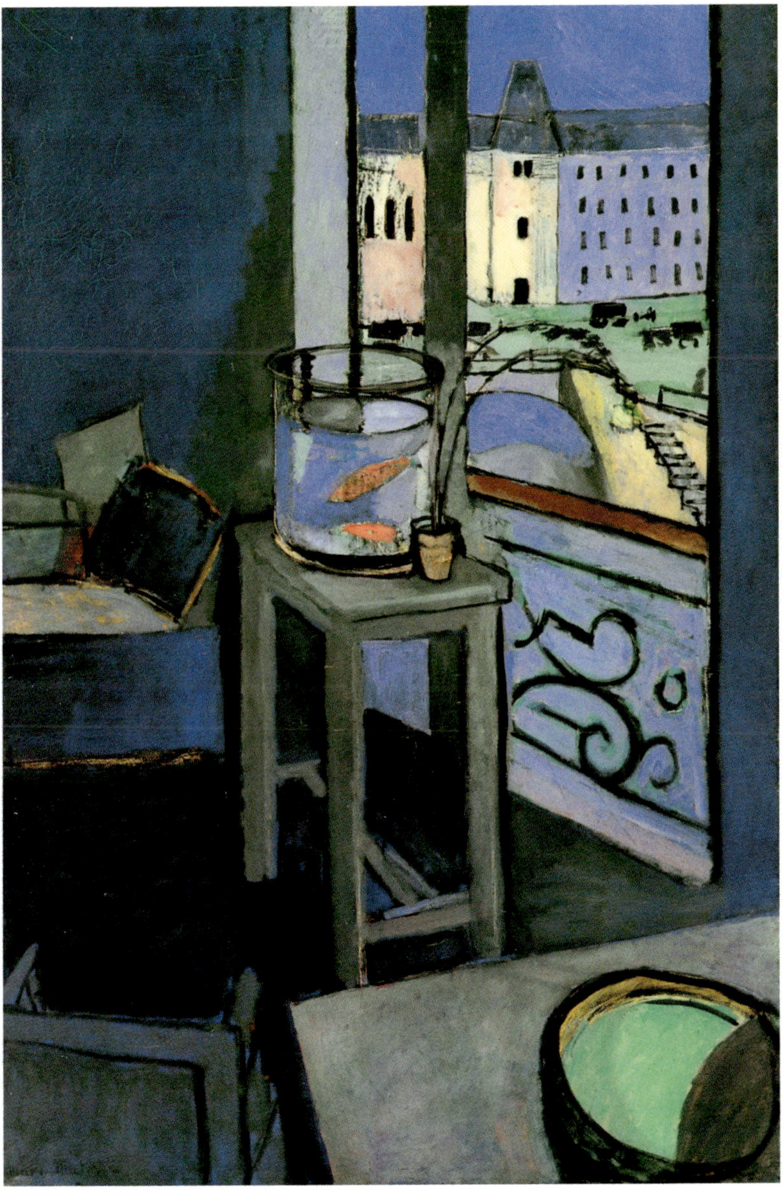

Luxembourg et regroupant une quarantaine d'œuvres impressionnistes. C'est à cette époque que Matisse peint sa première *Desserte**, très révélatrice de l'attention qu'il lui porte. Pissarro lui conseille également de se rendre à Londres pour voir le travail de Turner (1775-1851), puis peu à peu lui délivre les secrets de l'art de Cézanne.

Poissons rouges

Apparu vers 1910 dans une nature morte*, le thème des poissons rouges occupe une place importante dans l'œuvre de Matisse, au même titre que la fenêtre* et l'atelier*. Acteurs principaux de la nature morte de 1911, *Les Poissons rouges* provoquent le regard par l'intensité de leur couleur et le dynamisme

Intérieur, bocal de poissons rouges, printemps 1914, huile sur toile, 147 x 97 cm. Paris, Musée national d'art moderne.

de leur forme. Suspendus dans la transparence de l'eau, ils mettent le rouge vermillon en état d'apesanteur. Puis, on les retrouve dans les toiles de 1912 qui opèrent la synthèse de l'art de Matisse. Dans *Le Café arabe**, associés à une atmosphère paisible, ils revêtent explicitement une signification de bien-être, de bonheur. Ne dit-on pas d'ailleurs « être heureux comme un poisson dans l'eau » ? Mais de plus, selon Pierre Schneider, ces poissons, qui en anglais sont appelés « goldfish », autrement dit « poissons d'or », sont des signes immanents de l'Âge d'or, « non seulement à cause de leur couleur étymologique mais aussi parce qu'ils sont des objets de contemplation ». Dans la *Nature morte aux poissons rouges* de 1914 qui réunit les trois thèmes – poisson rouge, fenêtre et atelier –, la plante verte fait glisser notre regard à travers la fenêtre et nous fait pénétrer à l'extérieur de l'atelier. Il n'y a plus que deux poissons dans le bocal. Comme si un troisième s'était lui aussi échappé, libéré de sa couleur comme Matisse s'en libérera à la fin de sa vie. Matière picturale en suspension dans le champ du tableau, les poissons d'or apparaissent bien comme la métaphore de la peinture, objet de la contemplation du peintre.

Porte de la casbah

Peinte lors de son second séjour au Maroc*, la *Porte de la casbah* a été conçue par Matisse comme l'un des volets d'un triptyque comportant également le *Paysage vu par la fenêtre* et le portrait de Zorah intitulé *Sur la terrasse*. Commun aux trois tableaux, le bleu intense et tendre à la fois, qui a déjà envahi *La Conversation**, construit la composition. Par contraste, la blancheur éclatante de certains de ses éléments le fait surgir de la toile et accentue la perte des repères. Écho de son travail sur la fenêtre*, cette porte, épanouie dans sa forme d'arc surbaissé, nous place à l'intérieur de l'espace de la casbah, tout en nous projetant vers le paysage extérieur. Ainsi, Matisse traduit avec assurance sa sensation de l'espace où premier plan et arrière-plan se fondent en une seule et même perspective que la lumière vient embrasée. Issue d'une première esquisse, plus timide et moins contrastée, exécutée lors du premier séjour marocain, la *Porte de la casbah* laisse apparaître les repeints de l'artiste et met en relief son geste de peintre. Mais c'est en recourant tout naturellement au cerne que Matisse résout enfin l'interrogation soulevée par le fauvisme* : comment, en utilisant la couleur pure, conserver la lisibilité des choses. Comme l'explique Pierre Schneider, Matisse découvre au Maroc que les objets ont l'inconsistance et la précision des nuages. La mise en évidence des contours est certes un choix arbitraire qui confine à l'abstraction, mais elle introduit le doute. La réalité picturale est entrée dans la réalité physique ou bien est-ce l'inverse?

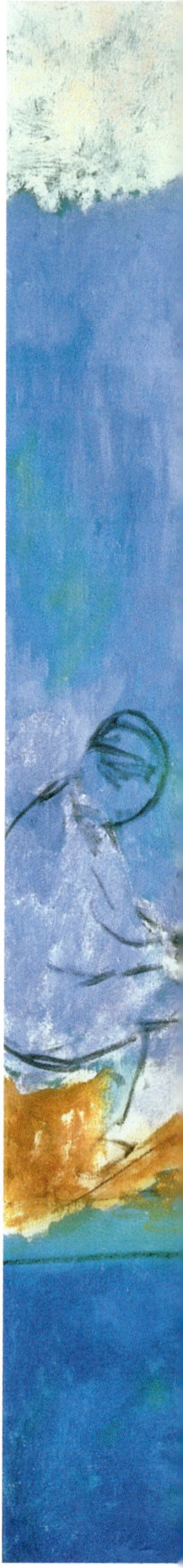

Porte de la Casbah,
1912, huile sur toile,
115 x 80 cm.
Moscou, musée Pouchkine.

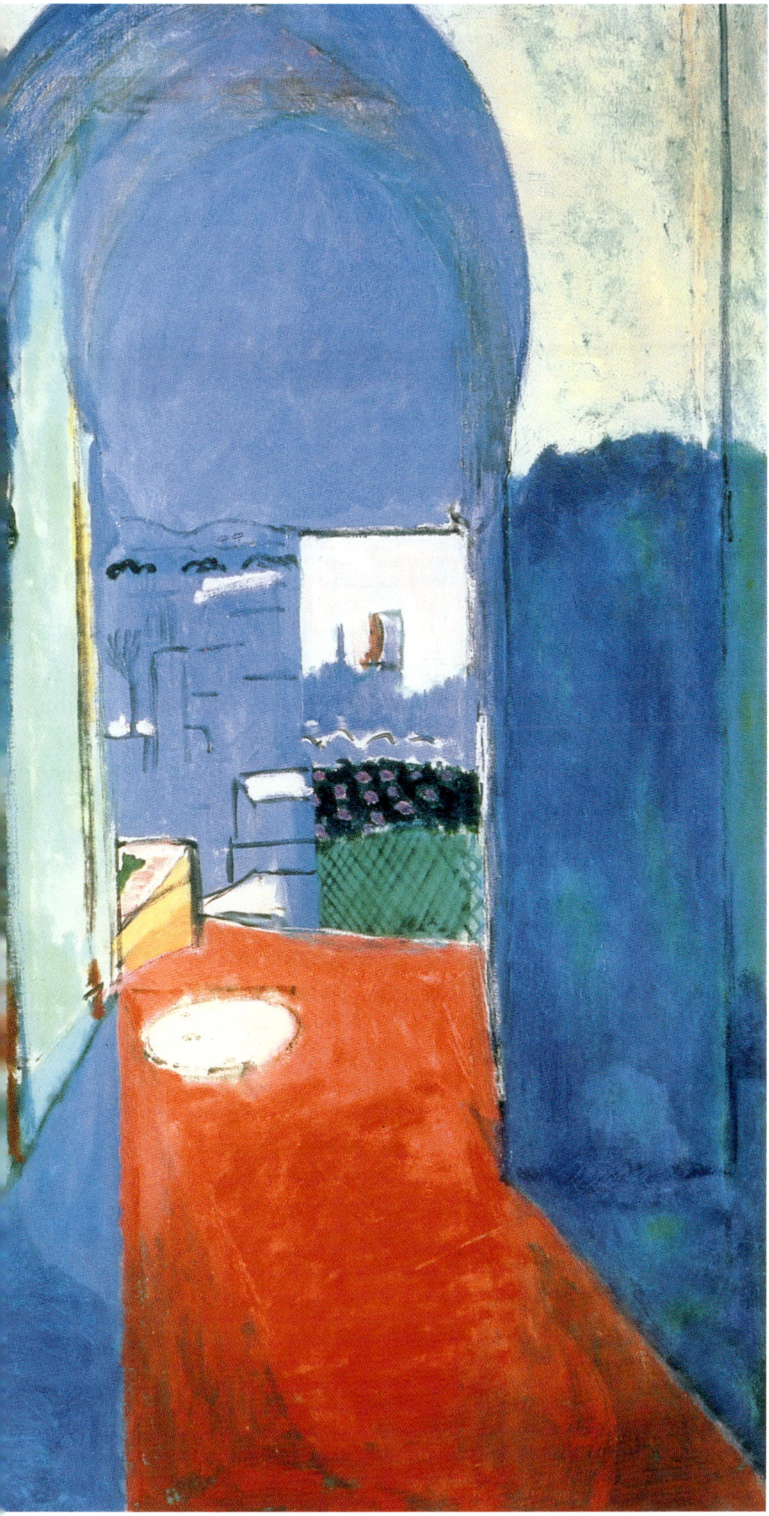

PORTRAIT

C'est en pensant à sa mère que Matisse a « la révélation de la vie dans l'étude du portrait ». Pour tromper l'ennui de l'attente dans un bureau de poste, il s'est mis à dessiner machinalement, et « je fus surpris de reconnaître le visage de ma mère avec toutes ses finesses », raconte-t-il avec bonheur. Il découvre alors que, contrairement à l'enseignement qu'il a reçu, l'art du portrait, nourri par une « méditation autour du modèle », tient dans la spontanéité du geste : « La transcription presque inconsciente de la signification du modèle est l'acte initial de toute œuvre d'art et particulièrement d'un portrait. » Le portrait est « un art des plus singuliers » qui demande « à l'artiste des dons particuliers et une possibilité d'identification presque complète du peintre et de son modèle ». Si Camille* ouvre la série des portraits de femmes en 1895, Amélie* devient le modèle* idéal à partir de 1898, parce que la proximité affective rend possible cette identification. Ainsi, le tableau devient le champ possible d'une dialectique entre réalisme et décoratif. Derrière le portrait se cache l'image mais, derrière l'image, le portrait n'est pas très loin. Puis, en 1905, symptomatique d'une réconciliation de la peinture et de la couleur, le *Portrait de madame Matisse* dit *La Raie verte** substitue au réalisme de la représentation l'abstraction de l'image. Stimulé par l'atmosphère marocaine, Matisse peint à Tanger une dizaine de personnages dont l'expressivité repose sur un jeu subtil de rapports et de densité des masses colorées. Rayonnantes dans la monumentalité de leur posture hiératique, ces toiles dégagent une fluidité et une simplicité délicate qui rompent avec la violence passée. Les portraits de Zorah, qui pourtant « agace et contrarie » le peintre pendant les séances de pose, livrent des œuvres exemplaires de la magie qui s'opère et qui transfigure le modèle en statue fragile mais énigmatique. Ses effets de transparence disparaissent au seuil de la guerre. À partir de 1914, sa palette s'assombrit. Matisse multiplie les portraits de ses proches comme pour compenser l'absence de ceux que la guerre a éloignés. Il développe au contact du cubisme* de Juan Gris (1887-1927) le schématisme de

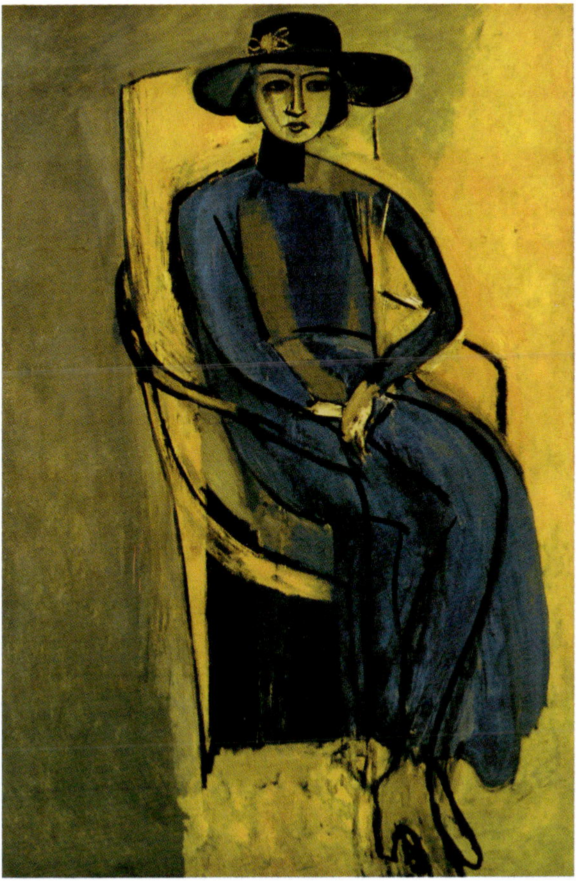

Portrait de Greta Prozor, fin 1916, huile sur toile, 146 x 96 cm.
Paris, Musée national d'art moderne.

ses formes, en accentuant leur caractère géométrique. Par opposition à l'expression de la chair, la géométrie incarne désormais pour Matisse le drame de la guerre. Jusqu'en 1917, ses portraits – ceux de Greta Prozor ou de Sarah Stein, notamment – flirtent avec l'abstraction, puis ceux de son modèle italien, Lorette, glissent lentement vers le réalisme. Matisse, peu à peu, renoue avec la nature et reprend *La Conversation** que la guerre est venue interrompre. Les nus et les odalisques cristallisent désormais ses rêveries féminines. Puis *L'Idole*, élégante et tendre à la fois, apparaît au lendemain de l'opération qu'il a subie à Lyon, en 1941. Modèle de nombreux portraits, Monique Bourgeois est en réalité venue pour veiller sur lui à partir du mois de septembre 1942. Jusqu'à la construction de la chapelle de Vence*, Matisse poursuit sa conversation amoureuse, son « flirt », avec celle qui devient bientôt sœur Jacques-Marie.

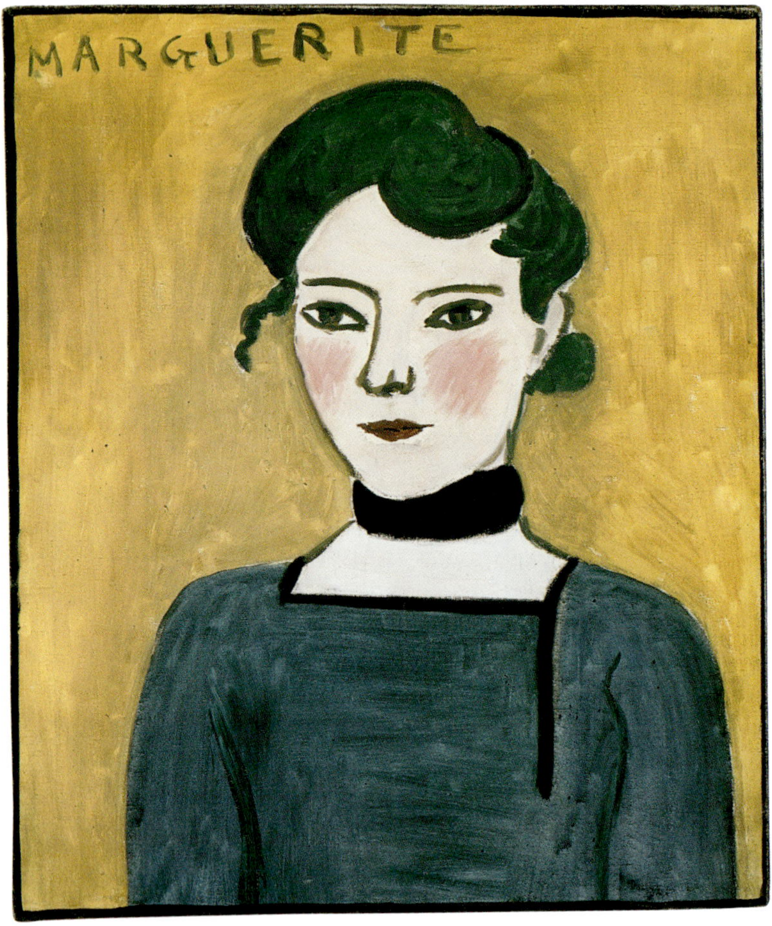
MARGUERITE

Primitivisme

Au XIXe siècle, le primitivisme pose deux fondements : remonter aux sources et fonder un monde meilleur. Au début du XXe, de nombreux artistes de l'avant-garde se tournent vers l'art primitif des Asiatiques ou des Africains, pour renouer également avec la spontanéité de la forme originelle. D'ailleurs, l'art africain introduit par les marins et les colons commence à se répandre dans la capitale. Émile Heymann, surnommé le « Père sauvage », a ouvert une sorte de galerie que Matisse fréquente assidûment comme ses amis fauves. Il lui achète à l'automne 1906 une fameuse petite statuette Vili qui fascine Picasso* car elle est l'image de sa maîtresse. Initiateur des déformations que son *Nu bleu, souvenir de Biskra** porte en germe et qui induiront ses gouaches découpées*, le goût de Matisse pour la beauté abstraite se nourrit également de l'art de Giotto (1266-1337), découvert l'année d'après. Plus tard, il le dira à Pierre Bonnard* : « Quand je vois les fresques de Giotto à Padoue, je ne m'inquiète pas de savoir quelle scène de la vie du Christ j'ai devant les yeux mais, de suite, je comprends le sentiment qui s'en dégage, car il est dans les lignes, dans la composition, dans la couleur, et le titre ne fera que confirmer mon impression. » Loin des innovations mises en place par les peintres de la Renaissance – imiter la nature en introduisant la profondeur pour faire d'un tableau un espace réaliste –, l'art primitif de Giotto, « sommet de ses désirs », restitue l'espace arbitraire de la peinture comme Matisse tentera désormais de le restituer.

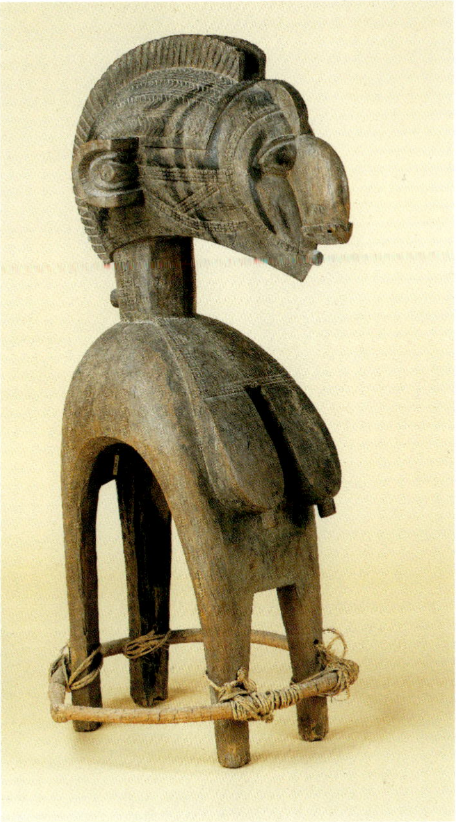

Masque Nimba, Baga (Guinée). Bois et raphia, 126 x 59 x 64 cm. Collection personnelle de Picasso. Paris, musée Picasso.

Puvis de Chavannes (Pierre)

Voir Symbolisme.

Raie verte (La)

La frontalité absolue du *Portrait de madame Matisse* dit *La Raie verte*, qui ancre le modèle dans la toile, renvoie aux portraits classiques de la peinture qui hantent les galeries du Louvre. Et pourtant, c'est bien un parfum d'irréalisme qui s'échappe de la solennité apparente du deuxième portrait fauve de Matisse. Divisant le visage en deux, la raie verte, placée sur l'arête du nez, est dans sa réalité improbable le lieu où la lumière se perd dans l'ombre. C'est elle qui réconcilie les

Portrait de Marguerite, 1907, huile sur toile, 65 x 54 cm. Paris, musée Picasso.

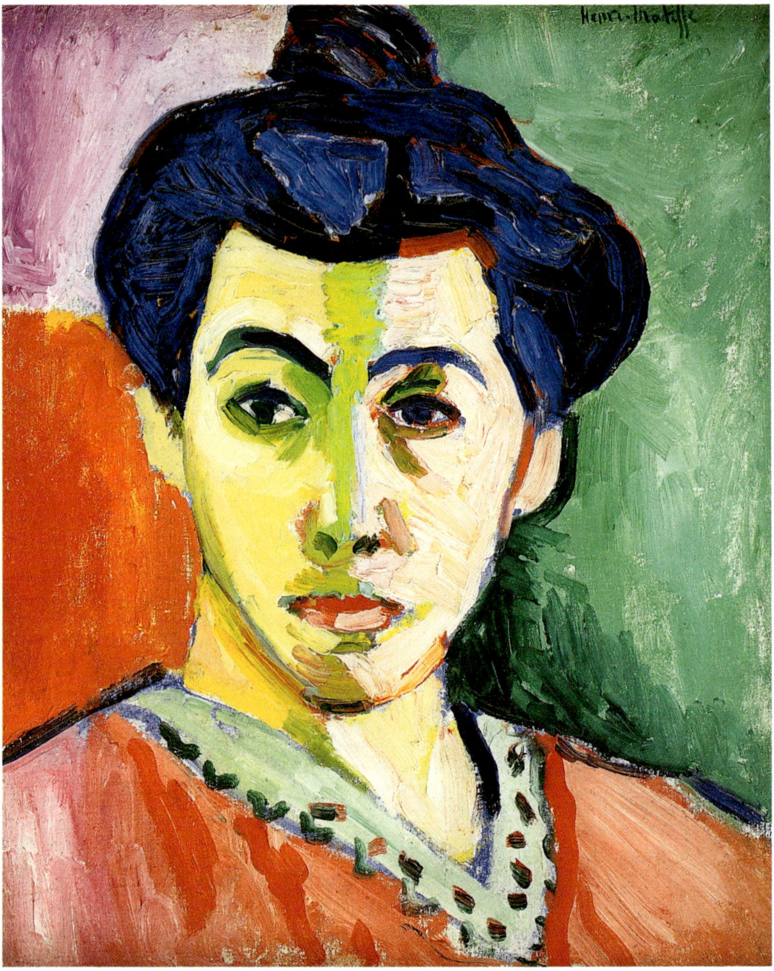

Portrait de madame Matisse, dit *la Raie verte,* 1905, huile sur toile, 40,5 x 32,5 cm. Copenhague, Statens Museum for Kunst.

dissonances et qui bat la mesure de la composition. La touche pointilliste des toiles tropéziennes a fait place à de larges aplats qui structurent rigoureusement l'espace. La surface de la toile n'apparaît plus comme une recherche harmonieuse de petites touches juxtaposées, mais comme l'assemblage de parties distinctes de valeur égale. Les ombres ont été gommées, les couleurs se sont substituées à elles. L'étonnement vient de l'éclat fulgurant, presque violent, des couleurs, emprunté à Van Gogh (1853-1890), qui contraste parfois avec la douceur des transparences. Comme *La Femme au chapeau**, *La Raie verte* cristallise chez Matisse une prise de conscience de l'existence d'un monde des couleurs, mais l'atmosphère y est plus calme. De la représentation, Madame Matisse est passée à l'image. «J'ai répondu à quelqu'un qui disait que je ne voyais pas les femmes comme je les représentais : "Si j'en rencontrais de pareilles dans la rue, je me sau-

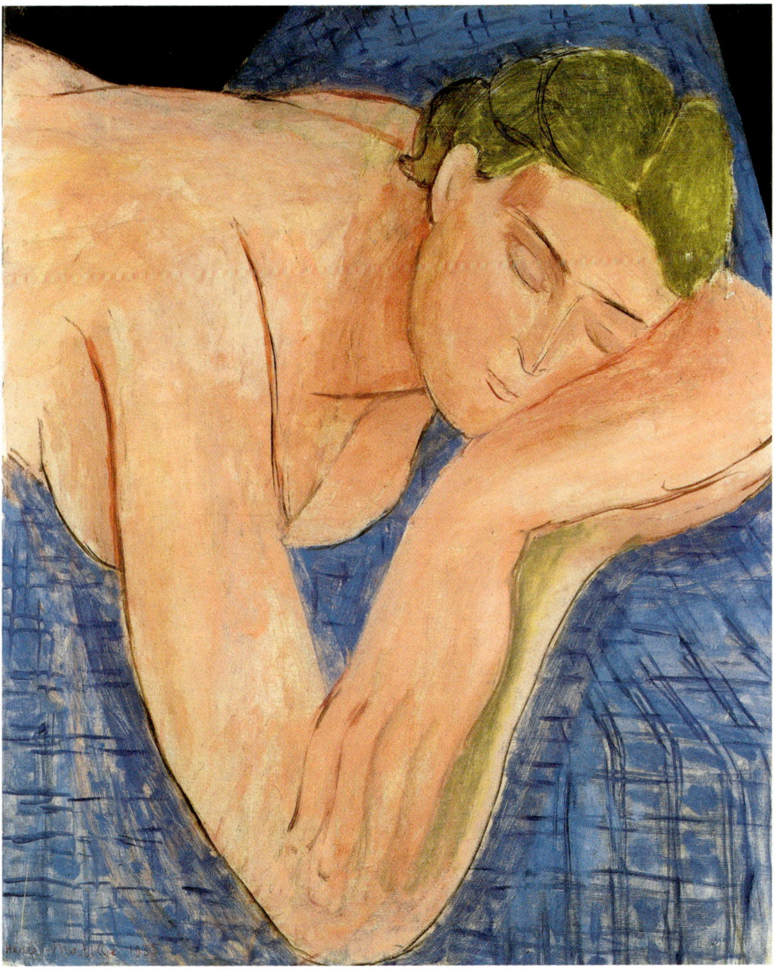

verais épouvanté." Avant tout, je ne crée pas une femme, je fais un tableau», raconte Matisse. Tableau avant d'être un portrait, *La Raie verte* ressuscite l'icône décorative.

Rêve (Le)

Comme le *Nu rose**, *Le Rêve* frappe par la monumentalité qu'il dégage en dépit de la modestie de sa taille: 81 cm de haut pour 65 cm de large. Mais la perte des repères y est plus amplifiée, l'abstraction plus accentuée. Le damier du tissu envahit presque entièrement le fond de la toile, les lignes sont floues, les contours approximatifs. Comme autrefois les *Baigneuses**, il nous dit tout de son histoire, ses décisions, ses hésitations, scs repentirs. Le gros plan s'est focalisé, non sur l'étendue de sa nudité, mais sur le visage de la femme abandonnée à son sommeil. L'entendez-vous respirer? Elle est devenue si énorme qu'elle déborde du cadre et nous invite à prolonger son corps au-delà du tableau. Dissolvant l'espace pictural,

Le Rêve, avril-mai 1935, huile sur toile, 81 x 65 cm. Paris, musée national d'Art moderne.

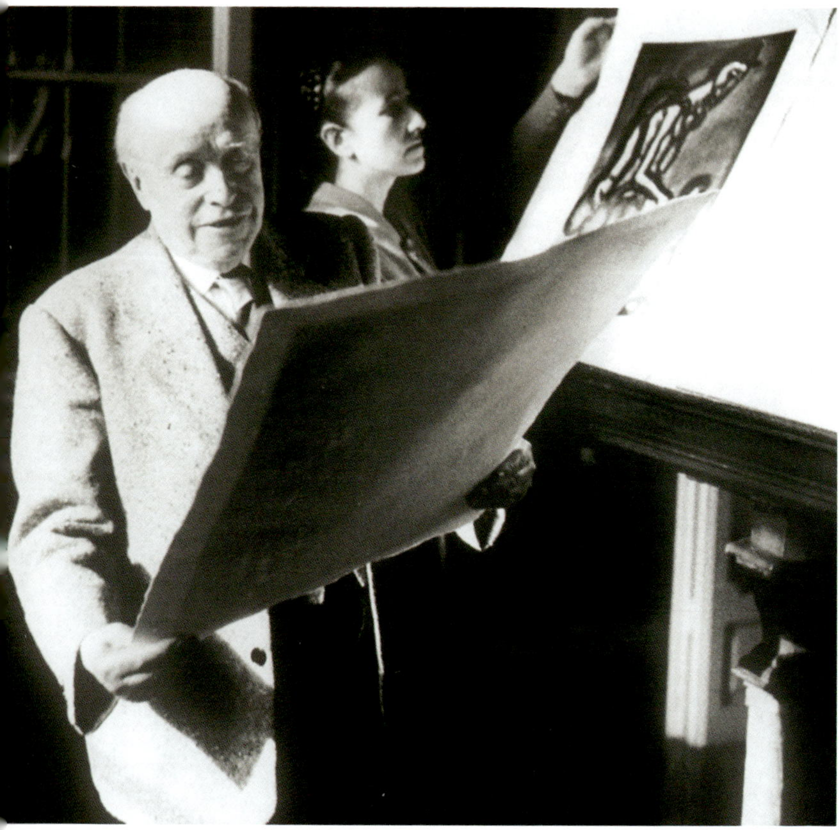

Georges Rouault et sa fille.

son rêve s'échappe lui aussi du cadre et s'étend à l'infini. Le rêve a gagné le peintre qui de l'espace pictural a fait son rêve. Dans le *Nu rose*, le corps se dissoudra définitivement dans le signe, et le dessin prendra les commandes de la peinture. Il en est de même pour *Le Rêve* de 1940, où Matisse cesse de représenter le film de son sentiment. Car désormais, c'est au temps qu'il confie son œuvre. Ainsi sa dormeuse, en accusant la linéarité décorative du *Rêve* de 1935 et en adoptant une expression presque calligraphique, offre l'une des plus belles images de cette simplicité mise en œuvre par Matisse pour rendre l'image paisible et accueillante. « Voilà un tableau qui a duré un an. Ceux qui ne verraient que la façon dont j'ai représenté la chevelure et la broderie de l'épaule croiraient que je suis un farceur mais toi... tu sais! » confiera-t-il à Théodore Pallady.

Rouault (Georges)

C'est dès l'âge de quatorze ans, aux cours du soir de l'École des arts décoratifs et auprès de peintres verriers, que Georges Rouault (1871-1958) fait son apprentissage. En 1890, il réussit le concours d'entrée aux Beaux-Arts et devient, deux ans plus tard, l'élève de Gustave Moreau*. Échouant comme lui au grand prix de Rome, il quitte l'école dès 1895, mais commence à exposer régulièrement ses toiles. Étudiant préféré de Moreau et premier conservateur de son musée ouvert en 1903, il subit une profonde crise lorsque celui-ci meurt et remédie à ses angoisses en adoptant les principes révolutionnaires de Cézanne*. Peintre de la révolte, défenseur des opprimés, Rouault, en redécouvrant l'existence de Dieu en 1901 grâce aux écrits de Léon Bloy (1846-1917), adopte une peinture réaliste sans cesse reliée à la notion de péché. Amoureux de la préciosité et du drame permanent qu'il traduit par des clairs-obscurs, il conserve les tons sombres de sa palette et l'aspect fougueux de son trait. Incarnations poétiques du destin dérisoire de l'homme, les clowns, aux accents christiques, prennent une place de plus en plus importante et confèrent à son œuvre un caractère particulièrement original. Au fur et à mesure de son développement iconique, son art se fait plus épuré pour s'abandonner définitivement aux mains de la passion mystique. Si l'aspect enflammé de sa peinture le rapproche de l'expressionnisme, les caractéristiques qui le relient au fauvisme* sont assez minces. Ce qu'il partage avec Matisse, puis très vite avec Manguin* et Marquet*, c'est avant tout un enseignement qui met en valeur l'expression de la forme et de la couleur, tout en s'attachant à l'observation de la « grande » peinture. C'est aussi la volonté d'échapper à un enseignement trop académique et de se tourner vers un art plus moderne. Mais on est loin de la peinture de plein air des fauves ou de la lumière colorée des toiles de Matisse.

Russell (John)

Après le succès de sa *Liseuse* présentée sous les traits de Camille* au Salon de 1895, Matisse part pour la Bretagne. Il retourne à Belle-Île, découverte l'été précédent, et fait la connaissance du peintre australien John Russell (1858-1930), installé sur l'île. À l'issue de sa rencontre à Paris* puis à Arles avec Vincent Van Gogh (1853-1890), Russell, épousant ses théories sur la peinture, avait décidé de s'isoler du monde pour mieux trouver l'inspiration. De tempérament solide et sportif, l'artiste s'adonne énergiquement aux loisirs que lui offre la côte bretonne et entraîne dans son sillage amis, femmes et enfants. Matisse, séduit par la bonne humeur du peintre et par son existence paisible, l'est aussi par ses scènes de genre et ses paysages plein de fougue. Grâce à Russell, il découvre les théories de Monet (1840-1926) sur la lumière, ainsi que « le sentiment » de la couleur pure tel que Van Gogh le pratique. Guidé par les deux maîtres, Russell s'intéressait donc depuis près de dix ans à ce qui allait désormais passionner Matisse : la couleur. Soucieux de s'écarter des voies académiques, le jeune peintre adopte donc le bleu de cobalt et le rouge garance, privilégiés par Russell pour illuminer le blanc. Il apprend ainsi peu à peu à se libérer des préceptes de l'école flamande et donne à sa peinture les premiers signes du rayonnement qui la caractérise. Peinte à son retour, *La Desserte** doit beaucoup à l'enseignement de Russell comme de Pissarro*, mais c'est en Corse que son efficacité sera la plus grande et que Matisse adoptera de façon décisive une démarche coloriste.

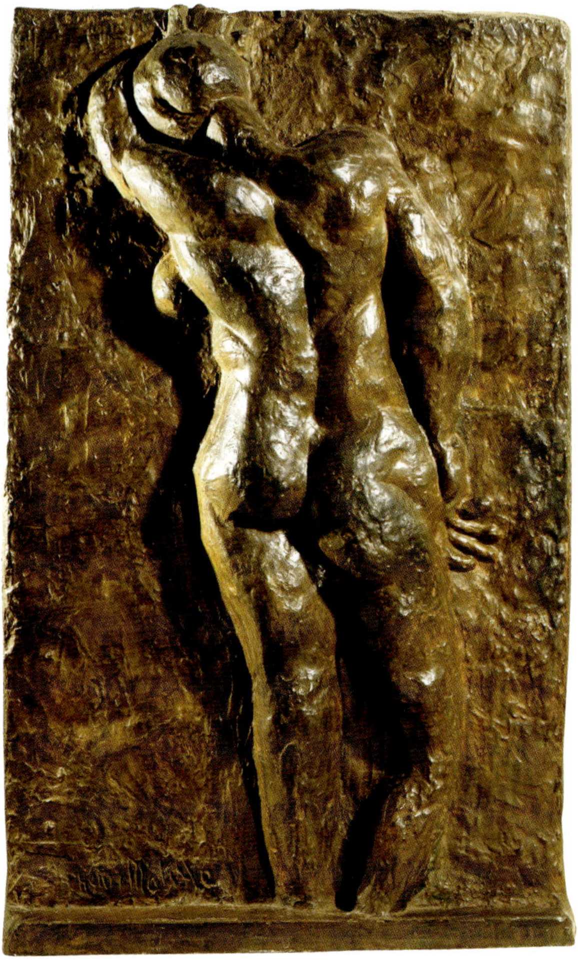

Dos I, 1908-1909, bronze à la cire perdue, 190 x 119 x 21 cm. Paris, Musée national d'art moderne.

SCULPTURE
Mettre de l'ordre dans son cerveau

Épisodique, la place de la sculpture dans l'œuvre de Matisse permet cependant de suivre assez bien l'évolution de sa pensée artistique, car c'est dans la sculpture qu'il puisera les solutions de ses interrogations picturales. « J'ai fait de la sculpture parce que ce qui m'intéressait dans la peinture, c'était mettre de l'ordre dans mon cerveau », dira-t-il à Pierre Courthion. Les premières leçons de modelage lui sont données dès 1892 dans l'atelier de Gustave Moreau* par Georges Lorgeoux. Les sculptures originelles du peintre sont une paire de médaillons que vient orner le doux visage de Camille*. Vers 1900, c'est sur le mouvement qu'il porte son attention. Fasciné par le *Jaguar* de Barye (1796-1875) qu'il copie, il se lance dans l'exécution d'un homme debout qu'il intitule *Le Serf*, puis part à la recherche du professeur idéal. Il se rend dans l'atelier de Rodin (1840-1917) mais lui préfère son assistant Antoine Bourdelle (1861-1929), plus proche, dans sa simplicité, de

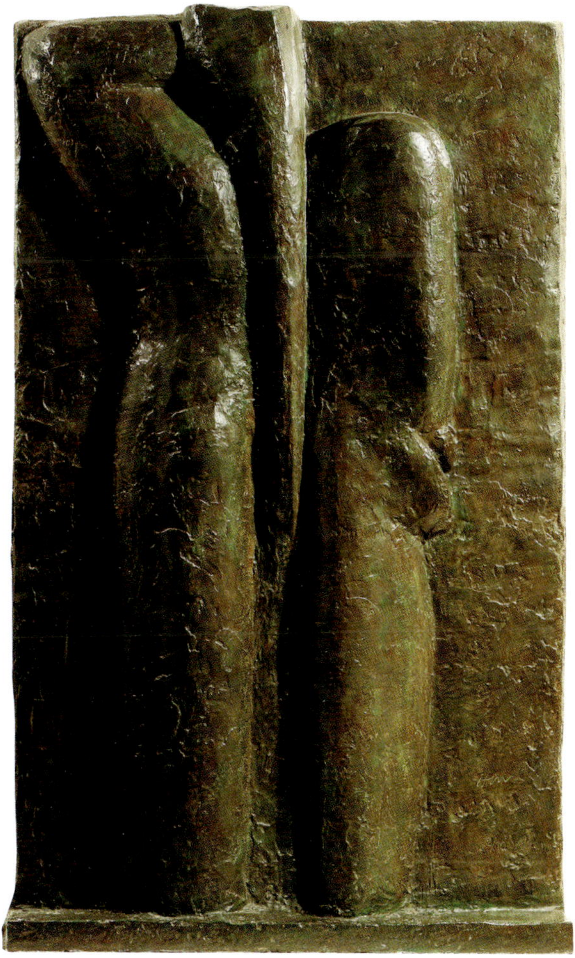

Dos IV,
1930-1931,
bas-relief en bronze, patine sombre
190 x 114 x 16 cm.
Paris, Musée national d'art moderne.

ses désirs. Cette rencontre féconde le pousse à muer son *Serf* en autoportrait d'une puissance évocatrice étonnante et révèle déjà en lui la nécessité de se tourner vers un certain primitivisme*, gage de toute liberté. En 1905, il découvre le travail d'un autre élève de Bourdelle, Aristide Maillol (1861-1944) dont il dit: «La sculpture de Maillol a l'épanouissement d'un beau fruit que la main a envie de toucher.» Mais Matisse, déjà très inspiré par les formes linéaires, est bien loin de l'esthétique massive empruntée par Maillol à l'art grec. C'est en 1908, en regardant l'une des *Trois Baigneuses* de Cézanne*, qu'il entame sa série sur le *Dos*. Cette étude, parallèle à la progression synthétique de son expression picturale et achevée en 1931, comporte quatre bronzes d'une sensualité magique, révélés par la lueur du jour. On mesure l'importance du premier *Nu couché* de Matisse modelé en 1906 à Collioure, et qui induira les fameuses séries *Nu bleu**, *Odalisque**, *Nu rose**, ravivées dès 1918 au contact des sculptures de Michel-Ange.

Signac (Paul)
Voir Néo-impressionnisme.

Symbolisme
Imprégné d'un phénomène littéraire reposant sur l'idée de contre-nature, brillamment illustré par l'art d'Oscar Wilde (1854-1900), le symbolisme devient à la fin du XIXe siècle un mouvement spiritualiste animé d'une sorte de ferveur satanique. Son premier manifeste apparaît en 1886 dans *Le Figaro*, sous la plume du poète Jean Moréas (1856-1910). Relayé vers 1890 dans les écrits du peintre Maurice Denis (1870-1943), initiateur de l'école nabi, il est théorisé par l'écrivain et critique Albert Aurier (1865-1892) dans le *Mercure de France*. Expression d'une nouvelle sensibilité picturale également impulsée par les travaux de Gauguin*, l'œuvre d'art, selon Aurier, doit être: « 1° idéiste, puisque son idéal unique sera l'expression de l'idée ; 2° symboliste, puisqu'elle exprimera cette idée en formes, 3° synthétique, puisqu'elle écrira ces formes, ces signes, selon un mode de compréhension générale ; 4° subjective, puisque l'objet n'y sera jamais considéré en tant qu'objet, mais en tant que signe d'idée perçu par le sujet; 5° (c'est une conséquence) décorative, car la peinture décorative proprement dite, telle que l'ont conçue les Égyptiens, très probablement les Grecs et les primitifs, n'est pas autre chose qu'une manifestation d'art à la fois subjectif, synthétique, symboliste et idéiste. » Ce sont donc les formes plastiques qui incarnent désormais les symboles illustrateurs de la pensée. Pour Maurice Denis, le symbolisme pictural est véritablement né du refus de la perception naturaliste et de l'idée de « fenêtre ouverte sur le monde » dévolue à la peinture depuis des siècles. Autrement dit, rejetant le réalisme de Courbet (1819-1877) et le positivisme développé par l'esthétique impressionniste, le symbolisme, repoussant toute idée de modernisme, se réfugie dans la désillusion. De courte durée puisqu'il n'est actif que pendant une dizaine d'années, le symbolisme, incarné par l'art de Gustave Moreau*, de Pierre Puvis de Chavannes (1824-1898) ou d'Odilon Redon (1840-1916), est à l'origine de nombreux mouvements d'avant-garde animés par de jeunes artistes désireux de s'écarter de l'académisme en vigueur et de laisser parler leur imaginaire.

Tissu
En pleine expansion après la guerre de 1870, et grâce à l'épanouissement de la mode parisienne, l'inventivité des tisserands de Bohain-en-Vermandois éblouit Matisse, dès son plus jeune âge, par la maîtrise des velours brocardés, le raffinement des soieries brodées et la douceur des cachemires chatoyants. Fournisseurs des grands magasins comme « La Cour batave » ou des grands couturiers comme Chanel, ces nouveaux maîtres du tissage sont les héritiers d'une vieille tradition du nord de la France, renouvelée au début du XXe siècle par la puissance créative de l'arrière-grand-père de Matisse. Spectacle de l'acharnement et de l'abrutissement au travail, dont Matisse fera preuve tout au long de sa vie, l'industrie textile nourrit son imaginaire et aiguise l'extraordinaire sens du décoratif que sa mère, Anna Matisse*, lui a transmis. Peu de

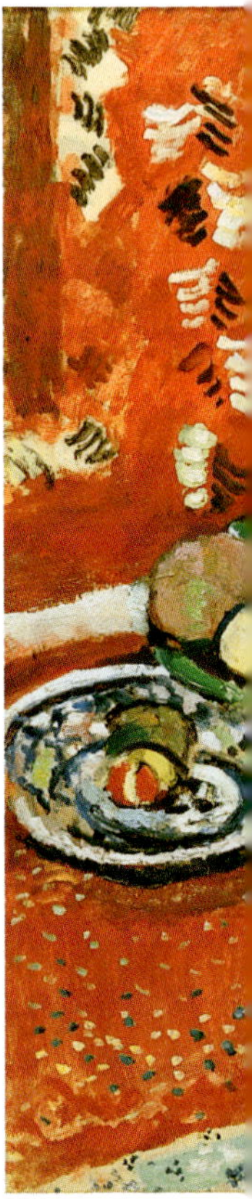

Les Tapis rouges,
1906,
huile sur toile,
90 x 116 cm.
Grenoble, musée
de Peinture
et de Sculpture.

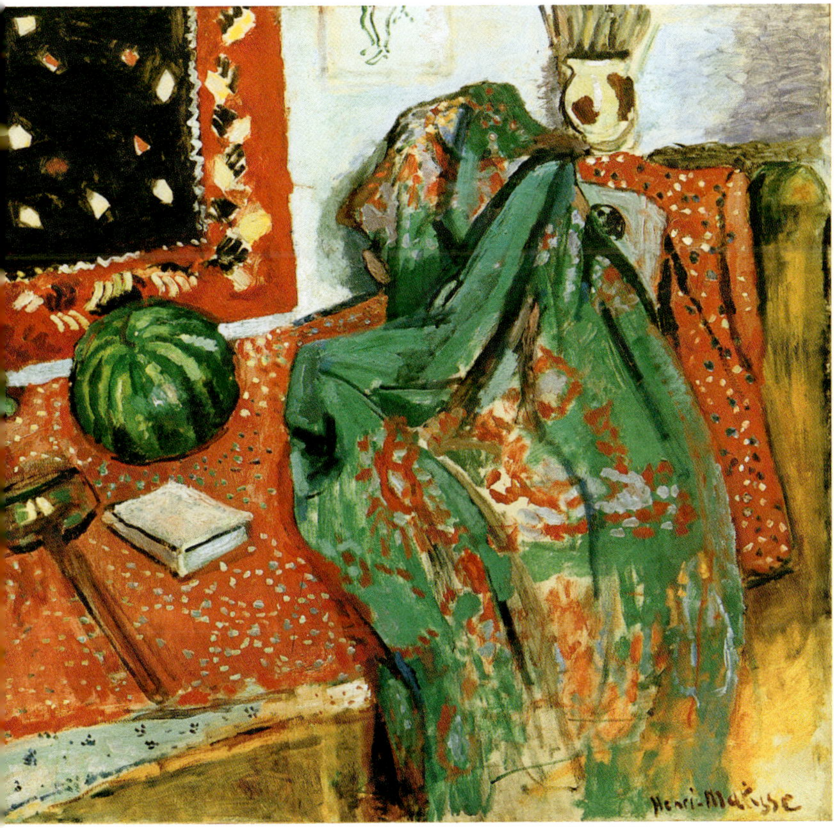

temps après son installation à Paris*, ne pouvant renoncer à ce contact avec la matière devenu charnel, Matisse recrée l'univers tactile et coloré de son enfance* en décorant son atelier* d'étoffes précieuses. Porteur de la fierté des tisserands de Bohain, désireux de faire du luxe «un bien au-dessus de l'argent et à la portée de tous», il introduit très tôt dans ses natures mortes* la présence de tissus. Puis les tapis orientaux, achetés dans une boutique de Port-Royal, recouvrent les murs ou le sol de ses ateliers. D'aspect apparemment décoratif, les tentures bigarrées ou les *Tapis rouges* revêtent souvent le statut d'élément structurel. Jusqu'en 1930, les juxtapositions de motifs décoratifs relèvent d'un habile jeu de perspectives, assurant un compromis entre l'espace plan du tapis et l'aspect tridimensionnel de l'espace pictural traditionnel. En faisant des motifs décoratifs le sujet même de ses tableaux, Matisse met déjà en lumière ce qui le préoccupera tout au long de sa vie: la matérialité de la peinture. Puis, en simplifiant peu à peu son travail et en réduisant à l'essentiel l'enveloppe décorative de son art, il donne à son œuvre le pouvoir de faire fusionner l'image et la matière. Ainsi, dans *La Blouse roumaine** de 1940, le rouge du corsage et la trame de la toile se confondent en un seul et même tissu.

CHRONOLOGIE

1869 Le 31 décembre, Henri Matisse naît au Cateau-Cambrésis.

1882-1887 Il est au lycée de Saint-Quentin.

1888-1889 Il fait ses études de droit à Paris, puis devient clerc d'avoué à Saint-Quentin.

1890 Matisse a la « révélation » de la peinture et suit les cours de l'école Quentin-de-la-Tour, à Saint-Quentin.

1891-1892 Il emménage quai Saint-Michel à Paris et s'inscrit à l'académie Julian, qu'il quitte rapidement pour l'atelier de Gustave Moreau où il fait la connaissance de Camille.

1895-1897 Matisse réussit enfin le concours d'entrée aux Beaux-Arts. Il passe ses étés en Bretagne où il se lie avec John Russell qui l'initie à l'impressionnisme. Première reconnaissance officielle : l'État achète *La Liseuse.*

1898 Matisse quitte Camille, mais reconnaît leur fille Marguerite. Il rencontre et épouse Amélie Parayre. Voyage de noces à Londres et découverte de la lumière méditerranéenne en Corse.

1899 Naissance de Jean. Matisse achète *Les Trois Baigneuses* de Cézanne.

1900 Naissance de Pierre. Matisse fréquente l'académie Carrière.

1901-1902 Après avoir exposé au Salon des indépendants et chez Berthe Weill, il retourne vivre à Bohain avec sa famille.

1903 L'artiste participe au premier Salon d'automne.

1904 Ambroise Vollard organise sa première exposition personnelle. Matisse passe l'été à Saint-Tropez auprès de Paul Signac qui l'encourage dans la voie du néo-impressionnisme.

1905 Succès de *Luxe, calme et volupté* au Salon des indépendants. Le scandale de *La Femme au chapeau*, au Salon d'automne, assoit la célébrité de Matisse. Le fauvisme est né.

1906 Leo Stein achète *La Joie de vivre*, peinte dans un ancien couvent des Invalides et exposée au Salon des indépendants. Rencontre avec Picasso, voyage en Algérie et premier séjour à Collioure.

1907 Le *Nu bleu, souvenir de Biskra* est exposé au Salon des indépendants. Matisse crée son académie et séjourne en Italie.

1908 Le collectionneur russe Sergei Chtchoukine lui achète *La Desserte, harmonie rouge.*

1909 Matisse s'installe à Issy-les-Moulineaux.

1910 Première rétrospective chez Bernheim-Jeune. *La Danse* et *La Musique* sont au Salon d'automne. Voyage en Allemagne.

1911 Voyage en Espagne. Matisse peint *La Conversation* et se rend à Moscou pour l'installation de *La Danse.*

1912-1913 Séjours au Maroc, où il peint *Le Café arabe* et la *Porte de la casbah.* À Issy, Matisse réalise les *Poissons rouges* (1912) et le *Portrait de madame Matisse* (1913).

CHRONOLOGIE

1914-1918 Matisse se réfugie avec sa famille à Collioure, puis se rend à Nice à plusieurs reprises. Il rencontre Auguste Renoir, Pierre Bonnard et Juan Gris. Il peint *Le Peintre et son modèle*, *Les Marocains* et les *Baigneuses.*
Exposition avec Picasso (1918).

1920-1921 L'artiste vit désormais une partie de l'année à Nice, où il loue un appartement place Charles-Félix. Réalisation des décors et des costumes du *Chant du rossignol.*

1924 Expositions à New York et Copenhague.

1925 Matisse retourne en Italie avec Marguerite et Georges Duthuit.

1927 Son fils Pierre lui organise une exposition à New York.
Matisse reçoit le prix du Carnegie Institute de Pittsburgh.

1930 Il traverse les États-Unis avant de rejoindre Tahiti.

1931-1933 *La Danse Merion.* Rétrospectives à New York, Bâle, Paris.
Lydia Delectorskaya devient son assistante. Parution des *Poésies* de Mallarmé.
À l'occasion d'une cure, Matisse se rend plusieurs fois à Padoue pour voir les fresques de Giotto.

1935 Il réalise notamment *Le Rêve* et le *Nu rose.* Parution d'*Ulysse* de James Joyce.

1938 Matisse s'installe à Cimiez dans l'ancien hôtel Regina.

1939 Il passe l'été à Paris, puis se réfugie à Nice.

1940 Matisse signe *La Blouse roumaine.*

1941-1942 Il subit à Lyon une très grave opération qui le contraint à rester alité.
Réalisation d'un superbe recueil de dessins intitulé *Thèmes et variations.*

1943 Matisse développe la technique des gouaches découpées.
Il quitte Nice, menacée par les bombardements, et achète une maison à Vence : « Le Rêve ».

1945 Exposition à Londres avec Picasso.

1946 Réalisation des premières grandes gouaches découpées, réminiscences de l'Océanie et de la Polynésie.

1947 Publication de *Jazz.*

1948-1951 Matisse, de retour au Regina, dessine de son lit grâce à la technique du bambou mise au point pour *La Danse Merion.* La chapelle de Vence est inaugurée le 25 juin 1951.
Expositions à New York dans la galerie de son fils Pierre (1949), puis au MOMA (1951).

1952 Ouverture du musée Matisse au Cateau-Cambrésis.
Nouvelle série de gouaches découpées : *Tristesse du roi*, *La Perruche et la Sirène*, les *Nus bleus*…

1953 Exposition de gouaches découpées à Paris, Londres et New York.

1954 Réalisation de sa dernière gouache découpée : la *Rose* Rockfeller.
Henri Matisse s'éteint le 3 novembre. Il repose dans le cimetière de Cimiez.

I N D E X

BIBLIOGRAPHIE

Écrits d'Henri Matisse :
Écrits et propos sur l'art, textes réunis et proposés par Dominique Fourcade, Paris, Hermann, 1972, nouvelle édition, 2000.

Correspondances :
Bonnard-Matisse, préface de Jean Clair, introduction et notes d'Antoine Terrasse, Paris, Gallimard, 1991.
La Chapelle du Rosaire. Journal d'une création, correspondance de Matisse avec le frère Rayssiguier, réunie et préfacée par Marcel Billot, Paris, Le Cerf, 1993.

Livres illustrés par Henri Matisse :
Poésies de Stéphane Mallarmé, Lausanne, Skira, 1932.
Ulysse de James Joyce, New York, The Limited Editions Club, 1935.
Jazz, Paris, Tériade, 1947.

Ouvrages sur Matisse et son œuvre :
Aragon, Louis, *Henri Matisse, Roman*, Paris, Gallimard, 1971.
Delectorskaya, Lydia, *Henri Matisse… L'Apparente facilité*, Paris, éd. A. Maeght, 1986.
Guichard-Meili, Jean, *Matisse. Les gouaches découpées*, Paris, Hazan, 1983.
Labrusse, Rémy, *Matisse, la condition de l'image*, Paris, Gallimard, 1999.
Pleynet, Marcelin, *Henri Matisse*, Lyon, La Manufacture, 1988, nouvelle édition, 1990.
Schneider, Pierre, *Matisse*, Paris, Flammarion, 1984, nouvelle édition, 1992.
Spurling, Hilary, *Biographie Matisse 1869-1908*, Paris, Seuil, 2001.
Tout l'œuvre peint de Matisse, introduction de Pierre Schneider, documentation par Massimo Carrà, Paris, Flammarion, 1982.

Catalogues d'exposition :
Henri Matisse 1904-1917, Centre Georges Pompidou, Paris, 1993.
Henri Matisse. Visages découverts, 1945-1954, Mona Bismarck Foundation, Paris, Adam Biro, 1996.
Matisse, un siècle de couleur, musée Matisse, Nice, RMN, 2000.

Crédits photographiques :
AKG : 51, 99, 115 ; Archives Flammarion : 18, 19, 22, 27, 29, 37, 46-47, 54, 55, 60-61, 75, 77, 82 (h), 83, 89, 97, 114 ; Archives Matisse : 82 (b) ; The Baltimore Museum of Art/The Cone collection, Maryland, BMA 1950.228 : 90 h, 91 (b) ; The Barnes Foundation, Merion : 44-45 b, 66-67 ; The Bridgeman Art Library : 25, 38-39, 50, 98, 102-103 ; Magnum Photos / Robert Capa : 21 / H. Cartier-Bresson : 6, 84 ; Musées royaux des beaux-arts de Belgique, Bruxelles : 47 (b) ; musée de l'Ermitage, Saint-Petersbourg : 4-5, 42-43, 86-87 ; Museum of Modern Art, New York : 68-69 ; Museum of Art, San Francisco : 56 ; Museum of Fine Arts, Boston : 62-63 ; National Gallery of Art, Washington : 58-59 ; The Phillips Collection, Washington : 95 ; Photothèque du musée Picasso : 107 ; Réunion des Musées nationaux : 35, 44-45 h, 65, 72, 73, 106, 109 / Gérard Blot : 9, 10, 85 / Gérard Blot et C. Jean, p. 14-15 / CNAC/MNAM, pp. 8, 16, 32, 33, 70-71, 92-93, 101, 105, 112, 113 / A. Danvers : 53 / Philippe Migeat : 88 / H. del Olmo : 36 / Jean-Claude Planch : 28 / Jean Schormans : 100 / Service de documentation photographique du Mnam/Cci : 64 ; Rue des Archives : 12, 13, 23, 24, 76, 110 ; Scala : 26, 30-31, 40-41, 74, 79, 80-81 ; Statens Museum for Kunst, Copenhague : 108 ; Tate Gallery of Modern Art, Londres : 48 ; Wally Findlay Galleries, New York : 57.

Responsable de la collection : Sandrine Bailly
Coordination éditoriale : Nathalie Bec
Iconographie : Tiphaine Moine
Relecture et réécriture : Sylvie Bellu
Mise en pages : Claude-Olivier Four
Fabrication : Mélanie Lahaye
Photogravure : Euresys, Baisieux
Achevé d'imprimer en août 2017 par GPS Group, Slovénie

ISBN (Flammarion) : 978-2-0801-0821-0
N° d'édition : L.01EBUNFA0821.A011
Dépôt légal : septembre 2002

Imprimé en Slovénie